Sommaire

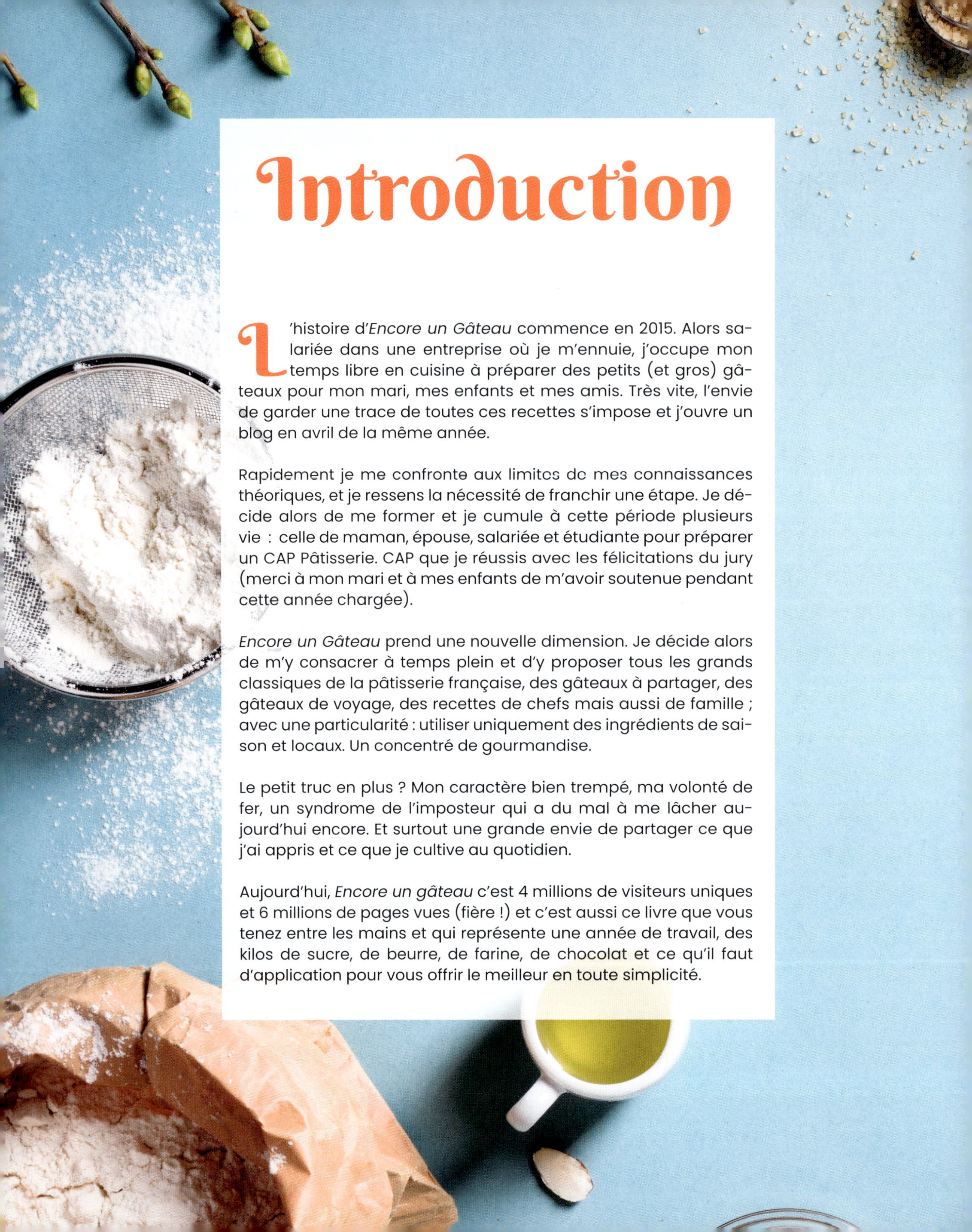

Introduction

L'histoire d'*Encore un Gâteau* commence en 2015. Alors salariée dans une entreprise où je m'ennuie, j'occupe mon temps libre en cuisine à préparer des petits (et gros) gâteaux pour mon mari, mes enfants et mes amis. Très vite, l'envie de garder une trace de toutes ces recettes s'impose et j'ouvre un blog en avril de la même année.

Rapidement je me confronte aux limites de mes connaissances théoriques, et je ressens la nécessité de franchir une étape. Je décide alors de me former et je cumule à cette période plusieurs vie : celle de maman, épouse, salariée et étudiante pour préparer un CAP Pâtisserie. CAP que je réussis avec les félicitations du jury (merci à mon mari et à mes enfants de m'avoir soutenue pendant cette année chargée).

Encore un Gâteau prend une nouvelle dimension. Je décide alors de m'y consacrer à temps plein et d'y proposer tous les grands classiques de la pâtisserie française, des gâteaux à partager, des gâteaux de voyage, des recettes de chefs mais aussi de famille ; avec une particularité : utiliser uniquement des ingrédients de saison et locaux. Un concentré de gourmandise.

Le petit truc en plus ? Mon caractère bien trempé, ma volonté de fer, un syndrome de l'imposteur qui a du mal à me lâcher aujourd'hui encore. Et surtout une grande envie de partager ce que j'ai appris et ce que je cultive au quotidien.

Aujourd'hui, *Encore un gâteau* c'est 4 millions de visiteurs uniques et 6 millions de pages vues (fière !) et c'est aussi ce livre que vous tenez entre les mains et qui représente une année de travail, des kilos de sucre, de beurre, de farine, de chocolat et ce qu'il faut d'application pour vous offrir le meilleur en toute simplicité.

Merci à tous ceux qui m'ont entourée, encouragée et qui ont mangé un paquet de trucs pas forcément réussis avec le sourire. Merci à toi Patrick, mon mari qui se souvient encore de ma première génoise, il y a 29 ans. Elle pesait environ une tonne, n'avait aucun goût mais nous l'avons mangée et en rions encore. Merci à vous, Alexandre et Lola, mes merveilleux enfants pour votre soutien sans faille, votre humour inégalable, merci d'être là et d'être vous. Merci à mes parents pour les mêmes raisons. Merci à mes amies que je vais prendre le soin de citer par ordre alphabétique, parce que bon je vous connais… Élise, Emmanuelle, Isabelle, Sophie et Vanessa. La vie serait beaucoup moins chouette sans vous.

Merci aussi à Emmanuel qui œuvre en coulisses pour que votre expérience sur le blog se déroule sans accrocs, qui me pousse à faire mieux encore et toujours. Tu râles souvent mais c'est quand même chouette de travailler avec toi.

Merci aux millions de lecteurs qui fréquentent le blog depuis toutes ces années. Je ne serais pas là sans vous. Merci de le faire vivre avec vos commentaires, vos questions et vos remerciements. Ce que vous faites est précieux.

Merci enfin à Marion qui m'a sollicitée pour ce projet et m'a accompagnée jusqu'au bout pour qu'il arrive entre vos mains. J'espère que ce livre de recettes vous plaira et qu'il vous donnera envie de venir découvrir mon univers.

À vous de jouer ! Lancez-vous et surtout montrez-moi vos créations et réalisations : je suis votre première fan. Vous me trouverez sur tous les réseaux sociaux : Instagram, Facebook, Twitter, TikTok et Pinterest, toujours sous le même pseudo *Encoreungateau.*

Sandra

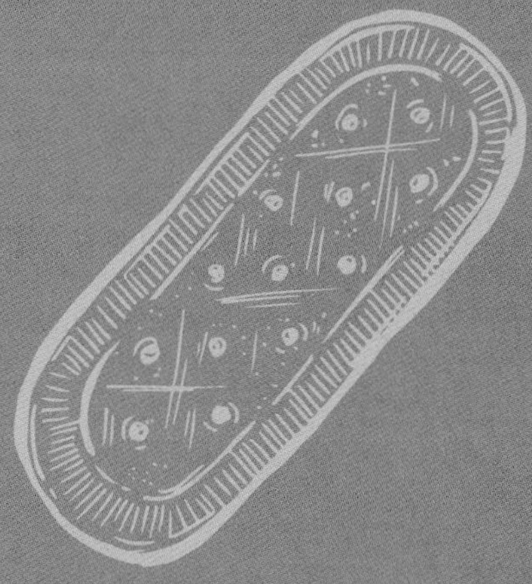

Les bases

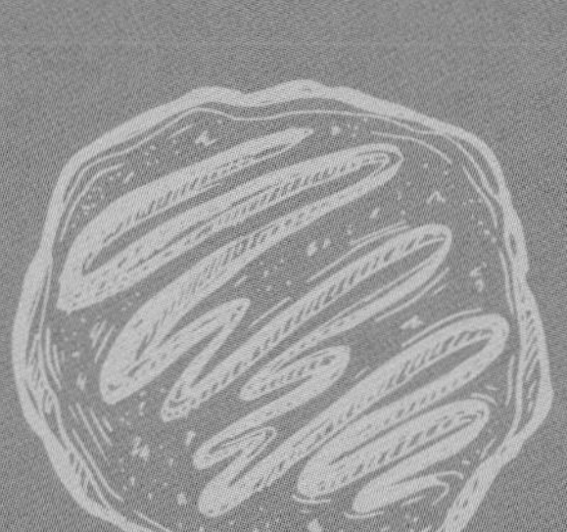

Biscuit madeleine

Le biscuit madeleine, ou gâteau madeleine, vous rappellera sans aucun doute le goût des petites pâtisseries du même nom. C'est un biscuit moelleux, au bon goût de beurre, que vous pourrez manger tel quel au goûter ou utiliser comme base de vos entremets et bûches de Noël. La recette que je vous donne est ainsi calibrée pour un moule de 20 cm de diamètre ou une plaque rectangulaire de 40 x 30 cm.

Préparation : **10 min**
Cuisson : **45 min**
Pour 6 personnes

INGRÉDIENTS

- 50 g de beurre fondu
- 2 œufs
- 120 g de sucre en poudre
- 25 ml de lait
- 125 g de farine
- 4 g de levure chimique
- 75 ml d'huile d'olive
- 1 citron

Préchauffez le four à 180 °C (th. 6) chaleur tournante et graissez l'intérieur d'un moule en silicone de 20 cm de diamètre.

Faites fondre le beurre et réservez.

Dans un cul de poule, fouettez les œufs et le sucre en poudre sans chercher à blanchir le mélange. Ajoutez le lait et fouettez à nouveau.

Tamisez ensemble la farine et la levure chimique au-dessus du mélange précédent et mélangez vivement. Veillez à ce qu'il n'y ait pas de grumeaux. Versez l'huile d'olive et mélangez. Ajoutez le beurre fondu tiède et mélangez à nouveau. Zestez le citron et pressez une moitié de citron dans l'appareil, puis mélangez.

Versez l'appareil à biscuit madeleine dans le moule. Enfournez pour 35 min (la durée de cuisson peut varier selon les fours, surveillez la cuisson). Le biscuit madeleine doit être doré et ne pas coller au doigt.

Biscuit pain de Gênes

Le pain de Gênes est un biscuit d'origine italienne à base de pâte d'amandes, il figure désormais parmi les recettes de base de la pâtisserie française.

Préparation : **30 min**
Cuisson : **30 min**
Pour 1 plaque de 30 x 40 cm

INGRÉDIENTS

- 210 g de pâte d'amande à 50 % de fruits
- 4 œufs
- 70 g de beurre fondu
- 40 g de farine avec levure incorporée

Si besoin, faites ramollir la pâte d'amande au micro-ondes quelques secondes.

Dans le bol d'un mixeur, mixez la pâte d'amande jusqu'à ce qu'elle soit crémeuse puis ajoutez les œufs un par un, en attendant bien l'incorporation complète avant chaque ajout.

Versez le mélange obtenu dans le bol d'un robot pâtissier ou dans un cul de poule et placez-le dans un bain-marie. Portez ce mélange à 40 °C. Mélangez régulièrement pour que la température soit plus exacte. Fouettez la préparation vivement jusqu'à refroidissement complet. Lorsque vous soulevez le fouet, la pâte doit faire un ruban.

Préchauffez le four à 170 °C (th. 5-6) chaleur tournante et recouvrez une plaque à génoise de papier sulfurisé légèrement graissé. Si vous avez choisi de faire un gâteau pain de Gênes, graissez l'intérieur d'un moule à cake ou d'un moule à manqué.

Faites fondre le beurre et incorporez-lui une petite quantité de pâte, mélangez bien.

Tamisez la farine avec levure incorporée sur la plus grande quantité de pâte et incorporez-la délicatement à la maryse. Ajoutez enfin la part de pâte mélangée au beurre fondu et incorporez-la de la même manière.

Versez l'appareil sur le papier sulfurisé et lissez la surface à la spatule ou coulez-la dans votre moule. Enfournez le pain de Gênes pour 20 min de cuisson. Il doit être doré et ne pas coller au doigt. Pensez à adapter la durée de la cuisson au récipient utilisé. Piquez le gâteau en son centre pour vérifier qu'il est bien cuit.

Biscuit viennois

Si vous êtes à la recherche de la recette parfaite de biscuit pour vos bûches roulées, j'ai ce qu'il vous faut : la recette du biscuit viennois ! Plus fin et plus moelleux que la génoise, le biscuit viennois se roule parfaitement bien.

Préparation : **15 min**
Cuisson : **7 min**
Pour 1 plaque de 30 x 40 cm

INGRÉDIENTS

- 4 œufs
- 105 g de sucre en poudre
- 50 g de farine

Préchauffez le four à 220 °C (th. 7-8) chaleur tournante et posez une plaque à génoise de 30 x 40 cm sur une plaque à pâtisserie. Mettez une feuille de papier sulfurisé légèrement graissée sur la plaque à génoise.

Dans le bol du robot, fouettez 2 œufs entiers avec 40 g de sucre en poudre jusqu'à ce que le mélange blanchisse. Clarifiez les 2 œufs restants, ajoutez les 2 jaunes dans le bol du robot et réservez les 2 blancs.

Fouettez à nouveau les œufs pendant une minute puis ajoutez 40 g de sucre en poudre dans le bol du robot et fouettez vivement le mélange jusqu'à ce qu'il blanchisse et triple de volume.

Montez les 2 blancs en neige ferme en ajoutant progressivement les 25 g de sucre en poudre restants. Incorporez délicatement, avec une maryse, les blancs montés dans le mélange précédent. Tamisez la farine et incorporez-la délicatement avec une maryse.

Versez l'appareil à biscuit viennois sur la plaque à génoise et lissez la surface à la spatule.
Enfournez le biscuit viennois dans le four chaud pour 7 min de cuisson. Il doit être doré et ne pas coller au doigt. À la sortie du four, laissez le biscuit tiédir puis ôtez délicatement la feuille de papier cuisson.

Biscuits cuillère

La recette des biscuits cuillère n'est pas difficile à réaliser et ne nécessite que très peu d'ingrédients : des œufs, du sucre en poudre et de la farine. Si vous avez un robot pâtissier, ou même un simple batteur électrique, cette recette est un jeu d'enfant. Faire un biscuit cuillère maison pour vos charlottes, bavarois et entremets, c'est facile.

Préparation : **15 min**
Cuisson : **15 min**
Pour 30 biscuits

INGRÉDIENTS

- 4 œufs
- 120 g de sucre en poudre
- 100 g de farine T45
- Sucre glace

Clarifiez les œufs et réservez les jaunes.

Fouettez les blancs au robot ou au batteur en ajoutant progressivement le sucre en poudre dès qu'ils deviennent mousseux. Vous devez obtenir une meringue lisse et brillante.

Ajoutez les jaunes en une fois et fouettez quelques instants, juste pour les incorporer.

Dégagez le bol du robot et tamisez la farine sur le mélange. Incorporez délicatement la farine dans les œufs avec une maryse et en soulevant bien la masse pour que le mélange soit bien homogène et sans grumeaux.

Recouvrez une plaque à pâtisserie de papier sulfurisé et versez l'appareil à biscuit cuillère dans une poche à douille munie d'une douille lisse de 10 mm. Pochez vos biscuits sur la feuille de cuisson en les espaçant. Saupoudrez généreusement le sucre glace sur les biscuits et préchauffez le four à 180 °C (th. 6) chaleur tournante.

Lorsque le four est chaud, juste avant d'enfourner, saupoudrez à nouveau de sucre glace les biscuits. Enfournez pour 15 min de cuisson. À la sortie du four, les biscuits cuillère doivent être légèrement dorés et ne pas coller au doigt. Attention à ne pas trop les cuire, ils doivent rester souples et moelleux. Décollez-les délicatement avec une spatule coudée et laissez-les refroidir à température ambiante sur une grille avant de les utiliser.

Biscuits cuillère
au chocolat

Pour cette recette de biscuits cuillère au chocolat, j'ai tout simplement suivi la recette précédente à laquelle j'ai ajouté du cacao en poudre non sucré. À vous les charlottes tout chocolat ! Bien sûr, on n'oublie pas de poudrer les biscuits cuillère au chocolat d'un voile de sucre glace avant la cuisson, comme pour la recette classique.

Préparation : **15 min**
Cuisson : **20 min**
Pour 30 biscuits

INGRÉDIENTS

- 4 œufs
- 120 g de sucre en poudre
- 100 g de farine
- 20 g de cacao en poudre non sucré
- Sucre glace

Clarifiez les œufs. Mettez les blancs dans le bol du batteur et réservez les jaunes dans un ramequin propre.

Montez les blancs en neige en ajoutant progressivement le sucre en poudre, comme pour faire une meringue. Ajoutez les jaunes et fouettez quelques instants pour les incorporer.

Tamisez la farine et le cacao en poudre non sucré sur le mélange des œufs. Mélangez délicatement avec une maryse, en raclant bien au fond du bol, pour obtenir un appareil lisse et homogène.

Mettez l'appareil en poche munie d'une douille unie de 11 mm et recouvrez deux plaques à pâtisserie perforées de papier sulfurisé. Pour faire une charlotte, dressez un cercle de 20 cm et deux bandes de biscuits de 6,5 cm de largeur.

Préchauffez le four à 180 °C (th. 6) chaleur tournante et poudrez les biscuits de sucre glace.

Juste avant d'enfourner, poudrez-les à nouveau de sucre glace et faites cuire 20 min. Les biscuits doivent être dorés et ne pas coller au doigt. À la sortie du four, faites glisser la feuille de papier sulfurisé sur une grille et laissez les biscuits refroidir à température ambiante.

Gâteau au yaourt

Le gâteau au yaourt est une recette facile qui peut servir de base à de nombreux desserts en pâtisserie.

Préparation : **10 min**
Cuisson : **40 min**
Pour 8 personnes

INGRÉDIENTS

- 1 yaourt (conservez le pot pour les mesures suivantes)
- 2 pots de sucre en poudre
- 1/2 pot d'huile
- 3 œufs
- 3 pots de farine
- 1 pincée de sel
- 1/2 sachet de levure chimique
- 1/2 c. à c. de vanille en poudre (facultatif)

Dans un cul de poule, versez le yaourt. Rincez et séchez le pot et ajoutez le sucre en poudre. Mélangez puis ajoutez l'huile. Mélangez à nouveau puis ajoutez les œufs. Après avoir mélangé à nouveau, ajoutez la farine, le sel, la levure chimique et éventuellement la vanille en poudre et mélangez bien pour obtenir un appareil lisse et homogène.

Préchauffez le four à 180 °C (th. 6) chaleur tournante et graissez l'intérieur d'un moule à manqué.

Versez la pâte dans le moule et enfournez le gâteau au yaourt pour 40 min de cuisson. Vérifiez la cuisson du gâteau en le piquant en son centre. Démoulez le gâteau sur une grille et laissez-le refroidir à température ambiante.

63
LA PETITE FADETTE
coup plus que son frère, et qui n'avait qu'une idée,
celle de l'aimer uniquement et d'en être aimé de
même, voulait qu'il vînt avec lui tout seul dans
leurs endroits, comme il disait, à savoir dans les
recoins et cachettes où ils avaient été s'amuser à
des jeux qui n'étaient maintenant plus de leur
âge ; comme de faire petites brouettes d'osier, ou
petits moulins, ou saulnées à prendre les petits
oiseaux ; ou encore des maisons avec des cailloux,
et des champs grands comme un mouchoir de
poche, que les enfants font mine de labourer à
plusieurs façons, faisant imitation en petit de ce
qu'ils voient faire aux laboureurs, semeurs, her-
seurs, héserbeurs et moissonneurs, et s'apprenant
ainsi les uns aux autres dans une heure de temps,
toutes les façons, cultures et récoltes que reçoit et
donne la terre dans le cours de l'année.
Ces amusements-là n'étaient plus du goût de
Landry, qui maintenant pratiquait ou aidait à
pratiquer la chose en grand, et qui aimait mieux
conduire un grand charroi à six bœufs, que d'at-
tacher une petite voiture de branchages à la queue
de son chien. Il aurait souhaité d'aller s'escrimer
avec les forts gars de son endroit, jouer aux grandes
quilles, vu qu'il était devenu adroit à enlever la
grosse boule et à la faire rouler à point à trente pas.
Quand Sylvinet consentait à y aller, au lieu de
jouer il se mettait dans un coin sans rien dire,

Gâteau de Savoie

Le gâteau de Savoie, un grand classique de la pâtisserie française ! Ce gâteau à la fine croûte et à la mie moelleuse, presque mousseuse, est une recette de gâteau traditionnel qui, comme son nom l'indique, nous vient de la Savoie. Il se compose d'ingrédients simples : des œufs, du sucre en poudre, de la farine et de la fécule de pommes de terre.

Préparation : **15 min**
Cuisson : **40 min**
Pour 8 personnes

INGRÉDIENTS

- 6 œufs
- 170 g de sucre en poudre
- 115 g de farine
- 35 g de fécule de pommes de terre
- 1/2 citron vert

Graissez légèrement l'intérieur d'un moule en métal à cheminée et poudrez de sucre cristal. Réservez-le au réfrigérateur.

Préchauffez le four à 170 °C (th. 5-6) chaleur tournante.

Clarifiez les œufs pour séparer les jaunes des blancs. Fouettez vivement les jaunes d'œuf avec 120 g de sucre en poudre pour faire blanchir le mélange. Tamisez le mélange de farine et de fécule de pommes de terre sur les jaunes blanchis et ajoutez le zeste du demi-citron vert. Mélangez très délicatement à la maryse.

Montez les blancs en neige ferme en ajoutant progressivement les 50 g de sucre en poudre restants et le jus du demi-citron vert à mi-parcours. Incorporez 1/3 des blancs montés dans le mélange précédent puis ajoutez le reste des blancs montés et mélangez très délicatement.

Versez l'appareil dans le moule et enfournez pour 40 min de cuisson (la durée de cuisson peut varier selon la puissance de votre four et la qualité de votre moule). Piquez le gâteau de Savoie au centre pour vérifier qu'il est bien cuit et adaptez le temps de cuisson si nécessaire. À la sortie du four, démoulez le gâteau de Savoie sur une grille et laissez-le refroidir à température ambiante.

Génoise

La génoise entre dans la composition de beaucoup d'entremets comme le fraisier, ou le moka. Avec la génoise vous pouvez également réaliser de délicieux gâteaux roulés. Voici la recette de la génoise pour vos entremets ou pour manger au goûter.

Préparation : **15 min**
Cuisson : **20 min**
Pour 8 personnes

INGRÉDIENTS

- 3 oeufs
- 90 g de sucre en poudre
- 90 g de farine

Méthode de la génoise au bain-marie

Dans le bol du robot, cassez les œufs et ajoutez le sucre en poudre.

Mettez le bol du robot dans un bain-marie en veillant à ce que l'eau ne déborde pas dans le bol. Fouettez la préparation jusqu'à ce qu'elle atteigne 55 °C.

Sortez ensuite le bol du bain-marie et installez-le sur le socle du robot. Fouettez vivement jusqu'à refroidissement complet. La préparation doit blanchir, doubler de volume et faire le ruban.

Méthode de la génoise simplifiée

Dans le bol du robot, fouettez vivement les œufs et le sucre en poudre jusqu'à ce que le mélange blanchisse, double de volume et fasse le ruban.

Quelle que soit la méthode choisie, tamisez la farine sur le mélange précédent et incorporez-la délicatement à la maryse.

Préchauffez le four à 180 °C (th. 6) chaleur tournante et posez une feuille de papier sulfurisé sur une plaque à pâtisserie. Coulez la préparation à génoise dans un cercle de 20 cm de diamètre et 4,5 cm de hauteur. Ne graissez pas le cercle pour ne pas que la génoise se rétracte.

Enfournez la génoise pour 20 min de cuisson. Elle doit être dorée, souple et ne pas coller au doigt. Vérifiez la cuisson en la piquant en son centre. À la sortie du four, laissez tiédir à température ambiante puis décerclez délicatement, en glissant la lame d'un couteau dans le cercle. Laissez la génoise refroidir sur une grille.

Génoise au chocolat

La génoise au chocolat est une recette de base essentielle en pâtisserie. Basée sur la recette traditionnelle, celle de la version chocolat est en fait identique si ce n'est qu'on lui ajoute du cacao en poudre. Si vous voulez faire une génoise haute au chocolat pour une recette de layer cake, celle-ci devrait vous convenir parfaitement.

Préparation : **15 min**
Cuisson : **50 min**
Pour 8 personnes

INGRÉDIENTS

- 6 œufs
- 160 g de sucre en poudre
- 160 g de farine
- 30 g de cacao en poudre non sucré
- 5 g de levure chimique

Préchauffez le four à 180 °C (th. 6) à chaleur tournante et chemisez un moule à manqué assez haut de 20 cm de diamètre d'un papier sulfurisé légèrement graissé.

Dans le bol du robot, fouettez vivement les œufs entiers en ajoutant progressivement le sucre en poudre jusqu'à ce que le mélange blanchisse et triple de volume.

Dans un cul de poule, pesez la farine, le cacao en poudre non sucré et la levure chimique puis tamisez le mélange sur les œufs et incorporez-le délicatement à la maryse. Attention les poudres ont tendance à tomber au fond du bol, raclez-le bien avec la maryse pour tout incorporer.

Versez l'appareil à génoise au chocolat dans le moule et enfournez pour 50 min de cuisson (la durée de cuisson peut varier selon les fours). Piquez le gâteau en son centre pour vérifier qu'il est bien cuit. À la sortie du four, démoulez délicatement la génoise sur une grille et laissez-la refroidir à température ambiante.

Molly cake

Connaissez-vous le molly cake ? Ce gâteau hyper moelleux et facile à découper est la recette de base pour faire du cake design et des layer cakes. L'essayer c'est l'adopter !

Préparation : **20 min**
Cuisson : **1 h 15**
Pour 10 personnes

INGRÉDIENTS

- 3 œufs
- 250 g de sucre en poudre
- 1 c. à c. de vanille en poudre
- 250 g de farine avec levure incorporée
- 250 g de crème liquide entière très froide

Préchauffez le four à 160 °C (th. 5-6) chaleur tournante et chemisez un moule de 20 cm de diamètre sur 10 cm de hauteur avec du papier sulfurisé légèrement graissé.

Fouettez vivement les œufs, la vanille en poudre et le sucre en poudre pour que le mélange blanchisse et triple de volume. Ajoutez la farine tamisée en 3 fois et incorporez-la délicatement avec une maryse pour ne pas faire retomber la masse.

Montez la crème liquide entière au fouet pour qu'elle tienne aux branches du fouet, mais qu'elle reste souple. Une crème trop montée sera difficile à incorporer.

Incorporez délicatement, à la maryse, la crème fouettée dans le mélange précédent. Si vous en avez un, placez le clou à fleur au fond du moule, au centre. Versez l'appareil à molly cake dans le moule et tapez-le un peu sur le plan de travail pour évacuer les bulles d'air. Si vous voulez obtenir un gâteau haut, mais plat, entourez le moule d'un torchon mouillé et essoré.

Enfournez le molly cake pour 1 h 15 de cuisson. Vérifiez la cuisson du gâteau en plantant un couteau en son centre. Il doit ressortir propre. À la sortie du four, démoulez délicatement le gâteau sur une grille et laissez-le refroidir à température ambiante.

Pâte sucrée

La recette de la pâte sucrée pour tous vos biscuits et tartes.

Préparation : **10 min**
Repos : **2 h**

INGRÉDIENTS

- 100 g de beurre à température ambiante
- 80 g de sucre glace
- 1 pincée de sel fin
- 1 œuf
- 200 g de farine

Déposez le beurre mou dans un cul de poule, tamisez le sucre glace directement dessus et ajoutez le sel. Mélangez l'ensemble avec une maryse jusqu'à ce que la pâte soit homogène. Cassez l'œuf dans le mélange et remuez.

Tamisez la farine dessus et mélangez, sans trop travailler la pâte pour former une boule.

Filmez la pâte et laissez-la reposer au moins 2 h au réfrigérateur.

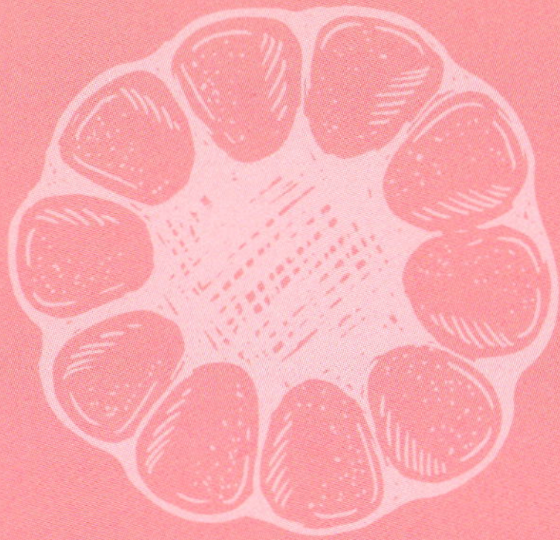

Cookies
et muffins

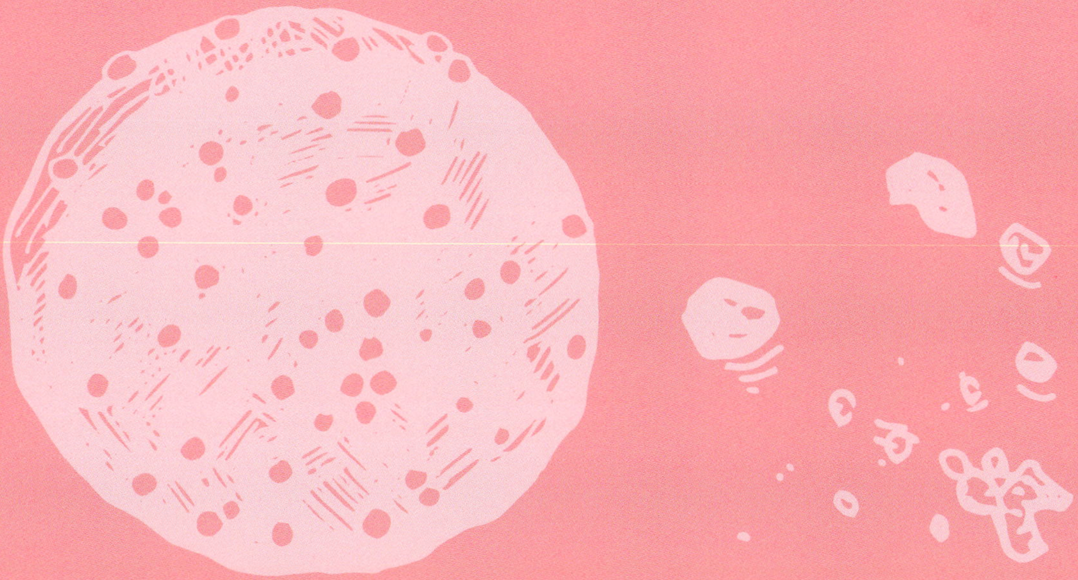

Céréales cookies

Si vous aimez les cookies, vous allez adorer cette recette de mini-cookies à manger dans un grand bol de lait, comme des céréales.

Préparation : **10 min**
Cuisson : **15 min**
Pour 4 personnes

INGRÉDIENTS

- 100 g de beurre pommade
- 200 g de sucre en poudre
- 1/2 c. à c. de vanille en poudre
- 1 oeuf
- 250 g de farine
- 125 g de pépites de chocolat

Dans le bol du robot, versez tous les ingrédients sauf la farine et les pépites de chocolat puis fouettez avec la feuille (ou fouet plat).

Versez la farine et les pépites de chocolat sur le mélange précédent et mélangez jusqu'à ce que la pâte forme une boule.

Préchauffez le four à 180 °C (th. 6) chaleur tournante.

Entre deux feuilles de papier sulfurisé, au rouleau, étalez la pâte à cookies sur 2 à 3 mm d'épaisseur.

Avec la base d'une douille, formez les mini-cookies et répartissez-les sur une plaque à pâtisserie recouverte de papier sulfurisé. Enfournez pour 15 min, ils doivent être bien dorés.

À la sortie du four, laissez les biscuits refroidir à température ambiante puis stockez-les dans un bocal en verre.

Cookie géant fraises-pistaches

Les cookies sont parmi les biscuits les plus appréciés et les plus faciles à faire. Si on fait les choses bien, le plus long dans la recette des cookies c'est de les peser avant cuisson pour avoir des biscuits de tailles égales afin qu'ils cuisent uniformément. Une chose de moins à faire avec la recette du cookie géant ! On étale toute la pâte au fond d'un moule et on le cuit. Définitivement, cette recette de cookie géant fraises-pistaches a tout pour plaire.

Préparation : **15 min**
Cuisson : **45 min**
Pour 6 personnes

INGRÉDIENTS

- 100 g de beurre à température ambiante
- 80 g de sucre en poudre
- 1 oeuf
- 100 g de farine avec levure incorporée
- 100 g de pistaches mondées non salées
- 250 g de fraises françaises

Dans le bol d'un mixeur, réduisez les pistaches en poudre. Si vous le souhaitez, vous pouvez au préalable les torréfier 15 min au four à 160 °C (th. 5-6) en les étalant à plat sur une plaque. Laissez-les refroidir avant de les mixer. Votre poudre de pistaches n'a pas besoin d'être ultra fine, s'il reste des petits morceaux de pistaches votre cookie n'en sera que meilleur.

Fouettez le beurre pommade et le sucre jusqu'à obtenir un mélange crémeux et homogène. Ajoutez l'œuf et mélangez vivement. Ajoutez ensuite la farine avec levure incorporée et mélangez bien. Si vous n'avez pas de farine pâtissière, utilisez de la T45 à laquelle vous ajouterez 2 g de levure chimique. Pesez 80 g de poudre de pistaches et incorporez-les à la maryse.

Préchauffez le four à 180 °C (th. 6) chaleur tournante et placez une feuille de papier sulfurisé légèrement graissée au fond d'un moule ou d'un plat de 18 cm de diamètre.

Versez la pâte à cookie géant au fond du plat puis étalez-la uniformément avec une maryse. Équeutez les fraises, coupez-les en morceaux et disposez-les harmonieusement sur le cookie géant avant cuisson. Saupoudrez la poudre de pistache restante.

Enfournez le cookie géant pour 45 min de cuisson (la durée de cuisson peut varier selon les fours). Le biscuit doit être bien doré sur les bords et juste pris au centre. À la sortie du four, laissez tiédir le biscuit à température ambiante puis démoulez-le délicatement sur une grille.

Cookies à la fraise

Et si, pour changer, on faisait des cookies aux fruits rouges ? Voici ma recette pour faire des cookies à la fraise et au chocolat blanc.

Préparation : **15 min**
Cuisson : **15 min**
Pour 12 cookies

INGRÉDIENTS

- 100 g de beurre à température ambiante
- 3 g de sel
- 150 g de cassonade
- 1 oeuf
- 50 g de poudre de noisette
- 200 g de farine avec levure incorporée ou 200 g de farine + 4g de levure chimique
- 90 g de chocolat blanc
- 150 g de fraises fraîches ou surgelées

Dans le bol du robot, avec le fouet, crémez le beurre pommade avec le sel et la cassonade. Vous devez obtenir un mélange crémeux et homogène. Ajoutez l'œuf et fouettez à nouveau. Versez la poudre de noisette et incorporez-la en fouettant. Ajoutez enfin la farine et fouettez juste assez pour obtenir un mélange homogène.

Coupez les carrés de chocolat en deux (ou plus selon leur taille) pour obtenir des chunks et versez-les dans le bol. Enfin, ajoutez les fraises.

Préchauffez le four à 200 °C (th. 6-7) chaleur tournante et posez une feuille de cuisson sur une plaque à pâtisserie.

Avec les mains, formez des boules de 70 g chacune et posez-les sur le papier sulfurisé en les espaçant bien. Enfournez les cookies fraises pour 12 à 15 min selon la puissance de votre four. Les cookies doivent être bien dorés sur les bords. À la sortie du four, les cookies sont fragiles, laissez-les refroidir à température ambiante avant de les manipuler.

Cookies brownies
tout chocolat

À l'instar du brookie, les cookies brownies sont élaborés à partir de deux recettes bien connues des gourmands : le brownie et les cookies. Ces biscuits au bon goût de chocolat ont ainsi la forme des cookies tout en ayant la texture plus fondante du brownie.

Préparation : **20 min**
Cuisson : **10 min**
Pour 20 biscuits

INGRÉDIENTS

- 200 g de chocolat noir à pâtisser
- 40 g de beurre demi-sel
- 2 œufs
- 110 g de sucre en poudre
- 1 c. à c. de café instantané (facultatif)
- 1 c. à c. d'extrait de vanille liquide
- 40 g de farine
- 150 g de pépites de chocolat

Au micro-ondes ou au bain-marie, faites fondre le chocolat et le beurre demi-sel. Laissez ce mélange refroidir à température ambiante.

Préchauffez le four à 180 °C (th. 6) et recouvrez une plaque à pâtisserie de papier sulfurisé ou d'un tapis de cuisson.

Dans un cul de poule, fouettez les œufs et le sucre en poudre pour les faire blanchir. Ajoutez le mélange chocolat et beurre fondus tièdes et mélangez bien. Incorporez ensuite l'extrait de vanille liquide, le café instantané et la farine en mélangeant bien pour obtenir une pâte lisse et homogène. Ajoutez les pépites de chocolat et mélangez.

Faites des petits tas de pâte avec une cuillère à soupe en les espaçant bien. La pâte est plus liquide qu'une pâte à cookies classique car elle contient très peu de farine et les biscuits vont s'étendre à la cuisson.

Enfournez les cookies brownies pour 10 min de cuisson et laissez-les ensuite refroidir complètement à température ambiante avant de les manipuler.

Cookies chocolat blanc, abricots et noisettes

Si comme moi vous aimez les cookies, je pense que vous n'aurez rien contre une nouvelle recette de ces biscuits gourmands. C'est d'ailleurs ce que j'aime avec les cookies : on peut varier les recettes en fonction du contenu des placards et inventer de nouvelles associations de parfums. C'est ce que j'ai fait avec cette recette de cookies abricot, chocolat blanc et noisettes.

Préparation : **10 min**
Cuisson : **15 min**
Pour 20 cookies

INGRÉDIENTS

- 100 g de beurre pommade
- 3 g de sel fin
- 100 g de cassonade
- 100 g de sucre en poudre
- 1 œuf
- 200 g de farine avec levure incorporée ou 200 g de farine et 4 g de levure chimique
- 60 g de poudre de noisettes
- 100 g d'abricots secs
- 100 g de chocolat blanc
- Quelques noisettes

Dans un cul de poule ou dans la cuve du robot muni du fouet, fouettez le beurre pommade avec le sel, la cassonade et le sucre en poudre. Ajoutez l'œuf et fouettez à nouveau. Versez la farine et fouettez pour que la pâte forme une boule.

Coupez les abricots secs en petits dés, coupez les carrés de chocolat blanc en deux et concassez quelques noisettes.

Ajoutez les abricots, le chocolat blanc et la poudre de noisettes dans la pâte à cookies et mélangez avec les mains. Placez le bol au réfrigérateur.

Préchauffez le four à 180 °C (th. 6) chaleur tournante et posez une feuille de papier sulfurisé sur une plaque à pâtisserie perforée. Formez des boules de pâte à cookies de 25 g environ et posez-les en quinconce sur la feuille de cuisson.

Répartissez les noisettes concassées sur les cookies et enfournez-les dans le four chaud pour 12 à 15 min de cuisson (la durée de cuisson peut varier selon les fours, surveillez vos cookies). À la sortie du four, faites glisser la feuille de cuisson sur une grille et laissez les cookies refroidir avant de les manipuler pour ne pas qu'ils se cassent.

Cookies
flocons d'avoine et chocolat

Comment faire des cookies aux flocons d'avoine sans œuf et sans beurre ? Voici une recette de biscuits sains, gourmands et faciles à faire.

Préparation : **10 min**
Cuisson : **15 min**
Pour 12 cookies

INGRÉDIENTS

- 75 g de lait de vache ou de boisson végétale
- 75 g de beurre de cacahuète
- 50 g de flocons d'avoine
- 100 g de farine
- 5 g de levure chimique
- 80 g de sucre en poudre
- 30 g de pépites de chocolat (facultatif)

Préchauffez le four à 180 °C (th. 6) chaleur tournante et posez une feuille de papier sulfurisé sur une plaque en métal perforée.

Dans un cul de poule, diluez le beurre de cacahuète dans le lait ou la boisson végétale en remuant bien. Quand ce mélange est homogène, ajoutez les flocons d'avoine et mélangez.

Ajoutez ensuite la farine, la levure chimique, le sucre en poudre et les pépites de chocolat, puis mélangez à nouveau. Vous devez obtenir une pâte souple et homogène.

Avec les mains, formez 12 boules de pâte (la pâte est collante, c'est normal). Posez les boules de pâte sur la feuille de papier sulfurisé en les espaçant bien.

Enfournez les cookies dans le four chaud pour 15 min de cuisson. À la sortie du four, laissez-les refroidir à température ambiante avant de les manipuler. Vos cookies se conservent une semaine dans une boîte en métal hermétiquement fermée.

Cookies
noisettes-chocolat sans beurre

Si vous avez de la purée de noisette dont vous ne savez que faire, voici ma recette facile de cookies noisettes-chocolat sans beurre.

Préparation : **10 min**
Cuisson : **15 min**
Pour 10 cookies

INGRÉDIENTS

- 100 g de purée de noisette
- 1 œuf
- 100 g de sucre en poudre
- 150 g de farine T45
- 2 g de levure chimique
- 75 g de pépites de chocolat

Préchauffez le four à 180 °C (th. 6) chaleur tournante et posez une feuille de papier sulfurisé sur une plaque à pâtisserie en métal perforée.

Dans un cul de poule, mélangez la purée de noisette, l'œuf et le sucre en poudre. Ajoutez la farine, la levure chimique et les pépites de chocolat puis mélangez pour obtenir une pâte compacte.

Avec les mains, formez des boules de 30 g environ et posez-les sur la feuille de cuisson en les espaçant bien.

Enfournez pour 15 min de cuisson.

Cookies pistache-chocolat

Ce sont des biscuits gourmands, faciles et rapides à faire, dont vous pourrez varier la durée de cuisson selon que vous aimez les cookies croustillants sur les bords et moelleux au centre ou les cookies plus uniformément cuits, plus secs en texture, mais tout aussi bons !

Préparation : **10 min**
Cuisson : **15 min**
Pour 20 cookies

INGRÉDIENTS

- 100 g de beurre pommade
- 3 g de sel fin
- 100 g de cassonade
- 100 g de sucre en poudre
- 1 œuf
- 200 g de farine avec levure incorporée ou 200 g de farine et 4 g de levure chimique
- 60 g de poudre de pistache
- 100 g de pépites de chocolat au lait
- Quelques pistaches non salées

Dans un cul de poule ou dans la cuve du robot muni du fouet, fouettez le beurre pommade avec le sel, la cassonade et le sucre en poudre. Ajoutez l'œuf et fouettez à nouveau. Versez la farine avec levure incorporée et fouettez pour que la pâte forme une boule. Ajoutez les pépites de chocolat au lait et la poudre de pistache dans la pâte à cookies et mélangez avec les mains. Placez le bol au réfrigérateur.

Préchauffez le four à 180 °C (th. 6) chaleur tournante et posez une feuille de papier sulfurisé ou un tapis de cuisson sur une plaque à pâtisserie perforée. Formez des boules de pâte à cookies de 25 g environ et posez-les en quinconce sur la feuille de cuisson.

Enfournez les cookies dans le four chaud pour 12 à 15 min de cuisson (la durée de cuisson peut varier selon les fours, surveillez vos cookies). À la sortie du four, faites glisser la feuille de cuisson sur une grille et laissez les cookies refroidir avant de les manipuler pour ne pas qu'ils se cassent.

Cookies tout chocolat

Ne vous cherchez pas d'excuse, il n'y aucun ingrédient farfelu dans cette recette de biscuits au chocolat, pas de matériel impossible à trouver, pas besoin non plus de 3 jours de préparation en amont. En 30 min maximum, vous pourrez vous poser dans le canapé et déguster goulument ces délicieux cookies au chocolat, je vous en fais le serment.

Préparation : **10 min**
Cuisson : **12 min**
Pour 20 cookies

INGRÉDIENTS

- 180 g de beurre pommade
- 180 g de sucre en poudre
- 1 pincée de fleur de sel
- 200 g de farine T45
- 45 g de cacao en poudre non sucré
- 1 œuf
- 150 g de pépites de chocolat noir

Préchauffez le four à 200 °C (th. 6-7) chaleur tournante et recouvrez une plaque à pâtisserie d'un tapis de cuisson ou de papier sulfurisé.

Dans un cul de poule ou dans le bol du robot, versez tous les ingrédients dans l'ordre. Avec les mains, ou avec la feuille du robot (fouet plat) mélangez les ingrédients jusqu'à obtenir une pâte homogène.

Avec les mains, formez des boules de 30 g et posez-les sur le tapis de cuisson en les espaçant bien. Elles vont s'étaler à la cuisson.

Enfournez les cookies tout chocolat pour 12 min de cuisson. À la sortie du four, les cookies sont mous, ne les manipulez pas au risque de les casser. Laissez-les refroidir à température ambiante et déplacez-les ensuite sur le plat de service.

Cookies vegan à la pâte de pistache

Dans cette recette, la pâte de pistache remplace les aliments d'origine animale, soit le beurre et l'œuf, ce qui en fait donc une recette de cookies vegan à la pistache.

Préparation : **10 min**
Cuisson : **15 min**
Pour 15 cookies

INGRÉDIENTS

- 200 g de pâte de pistache
- 100 g de sucre en poudre
- 50 g d'eau (minérale de préférence)
- 150 g de farine T45
- 2 g de levure chimique
- 75 g de pépites de chocolat

Préchauffez le four à 180 °C (th. 6) chaleur tournante et posez une feuille de papier sulfurisé sur une plaque à pâtisserie en métal perforée.

Dans un cul de poule, mélangez la pâte de pistache, le sucre en poudre et l'eau. Ajoutez la farine, la levure chimique et les pépites de chocolat puis mélangez pour obtenir une pâte compacte.

Avec les mains, formez des boules de 30 g environ et posez-les sur la feuille de cuisson en les espaçant bien.

Enfournez pour 15 min de cuisson.

Muffins banane-coco

Si vous avez 2 bananes trop mûres dans votre corbeille de fruits, j'ai la recette qu'il vous faut !

Préparation : **15 min**
Cuisson : **30 min**
Pour 9 muffins

INGRÉDIENTS

- 2 bananes très mûres
- 2 œufs
- 100 g de sucre en poudre
- 75 g de beurre fondu
- 100 g de noix de coco râpée
- 150 g de farine
- 3 g de levure chimique

Pelez les bananes et mixez-les ou écrasez-les à la fourchette. Ajoutez les œufs dans le mixeur, puis le sucre en poudre et le beurre fondu et mixez à nouveau.

Versez l'appareil obtenu dans un cul de poule puis ajoutez la noix de coco râpée, la farine et la levure chimique en mélangeant bien entre chaque ajout pour obtenir une pâte homogène.

Préchauffez le four à 170 °C (th. 5-6) chaleur tournante et placez des caissettes à muffins dans votre moule. Remplissez les caissettes jusqu'en haut avec la pâte et enfournez pour 30 min de cuisson. Piquez les muffins au centre pour vérifier qu'ils sont bien cuits à cœur.

BON POINT
N° 55 023

Muffins citron-mascarpone

Préparation : **10 min**
Cuisson : **30 min**
Pour 6 muffins

INGRÉDIENTS

- 4 œufs
- 150 g de sucre en poudre
- 1 citron
- 250 g de mascarpone
- 200 g de farine
- 4 g de levure chimique

Préchauffez le four à 170 °C (th. 5-6) chaleur tournante et posez vos caissettes à muffins sur une plaque à pâtisserie ou dans un moule à muffins.

Fouettez vivement les œufs avec le sucre en poudre, le jus et le zeste du citron finement prélevé. Ajoutez le mascarpone et fouettez à nouveau. Ajoutez ensuite la farine et la levure chimique et fouettez vivement pour obtenir une pâte à muffins homogène et sans grumeaux.

Versez la pâte à muffins dans une poche à douille sans douille, coupez l'extrémité et remplissez vos caissettes jusqu'en haut.

Enfournez les muffins pour 30 min de cuisson (la durée et la température peuvent varier selon les fours). Piquez-les au centre pour vérifier la cuisson.

Muffins aux framboises

Voici ma recette de muffins aux framboises extra moelleux surmontés d'un crumble croustillant. De délicieux petits gâteaux faciles à faire.

Préparation : **20 min**
Cuisson : **35 min**
Pour 9 muffins

INGRÉDIENTS

Pour le crumble
- 50 g de beurre froid
- 50 g de sucre en poudre
- 50 g de poudre d'amande
- 50 g de farine

Pour les muffins
- 170 g de sucre en poudre
- 1/2 citron vert
- 1 pincée de fleur de sel
- 300 g de farine
- 6 g de levure chimique
- 4 œufs
- 185 g de crème fraîche épaisse
- 125 g de beurre
- 150 g de framboises

Préparez le crumble : dans un cul de poule, malaxez du bout des doigts le beurre froid avec le sucre en poudre, la poudre d'amande et la farine. Réservez.

Préparez les muffins framboise : préchauffez le four à 180 °C (th. 6) chaleur tournante et placez des caissettes en papier dans vos empreintes à muffins.

Faites fondre le beurre dans une casserole ou au micro-ondes et réservez.

Dans un cul de poule, mélangez tous les ingrédients secs : le sucre en poudre, le zeste de citron vert, la fleur de sel, la farine et la levure chimique.

Dans un autre cul de poule, battez les œufs en omelette et ajoutez la crème fraîche tout en mélangeant. Ajoutez ensuite le beurre fondu et le jus du demi-citron vert et mélangez à nouveau.

Versez petit à petit les ingrédients liquides dans les ingrédients secs et mélangez vivement pour obtenir une pâte lisse et homogène. Ajoutez les framboises et mélangez délicatement.

Versez la pâte dans les caissettes aux 2/3 de leur hauteur, et saupoudrez le crumble par-dessus puis enfournez les muffins pour 35 min de cuisson. Le temps de cuisson est indiqué pour de gros muffins, à vous d'adapter la durée et la température de cuisson à la taille de vos muffins et à la puissance de votre four. À la sortie du four, posez les muffins aux framboises sur une grille pour les laisser refroidir à température ambiante.

Muffins poires-amandes

Faire des petits gâteaux sains et sans gluten c'est facile avec ma recette de muffins poires-amandes.

PRÉPARATION : **15 MIN**
CUISSON : **30 MIN**
POUR 12 MUFFINS

INGRÉDIENTS

- 4 oeufs
- 100 g de cassonade
- 200 g de poudre d'amande
- 30 g d'huile de pépins de raisin
- 30 g de jus d'orange
- 2 poires
- des amandes effilées

Préchauffez le four à 180 °C (th.6) chaleur tournante et préparez des caissettes à muffins.

Dans le bol du robot, fouettez les œufs avec la cassonade pour que le mélange triple de volume. Versez la poudre d'amande et fouettez à nouveau. Commencez par fouetter à petite vitesse pour ne pas répandre la poudre d'amande dans toute votre cuisine puis, augmentez progressivement la vitesse pour que la pâte soit homogène et sans grumeaux. Ajoutez l'huile de pépins de raisin et le jus d'orange et fouettez quelques instants.

Coupez les poires en quatre, ôtez le centre et la peau. Coupez-les ensuite en petits morceaux.

Dégagez le bol du robot, ajoutez les morceaux de poires et mélangez délicatement à la maryse. Répartissez la pâte dans les caissettes à muffins en veillant à ne pas trop les remplir.

Mettez quelques amandes effilées sur les muffins et enfournez dans le four chaud pour 30 min de cuisson. Vérifiez la cuisson en piquant les muffins poires amandes en leur centre. À la sortie du four, posez-les sur une grille pour les laisser refroidir.

Muffins reines-claudes

Ces muffins reines-claudes sont ultra moelleux. Ils sont sans gluten et conviendront à ceux d'entre vous qui y sont intolérants. Ils ne contiennent donc pas de farine de blé. À la place, j'ai utilisé de la poudre de noisette brute, c'est-à-dire que les noisettes ont été mixées avec la peau, et c'est ce qui explique leur couleur ambrée.

Préparation : **15 min**
Cuisson : **30 min**
Pour 6 muffins

INGRÉDIENTS

- 4 œufs
- 100 g de sucre en poudre
- 200 g de poudre de noisette
- 30 g d'huile de pépins de raisin
- 1 c. à s. d'eau de fleur d'oranger
- 1 c. à c. de levure chimique
- 300 g de reines-claudes

Préchauffez le four à 180 °C (th. 6) et préparez des caissettes à muffins.

Dans le bol du robot, fouettez les œufs avec le sucre en poudre pour que le mélange triple de volume. Versez la poudre de noisette et fouettez à nouveau. Ajoutez l'huile de pépins de raisin, l'eau de fleur d'oranger et la levure chimique, puis mélangez délicatement à la maryse.

Rincez les reines-claudes, séchez-les et coupez-les en 4 en ôtant le noyau.

Incorporez délicatement les morceaux de prunes à la préparation, puis versez la pâte dans une poche sans douille. Répartissez la pâte dans les caissettes à muffins en veillant à ne pas trop les remplir.

Enfournez dans le four chaud pour 30 min de cuisson. À la sortie du four, posez les muffins sur une grille pour les laisser refroidir.

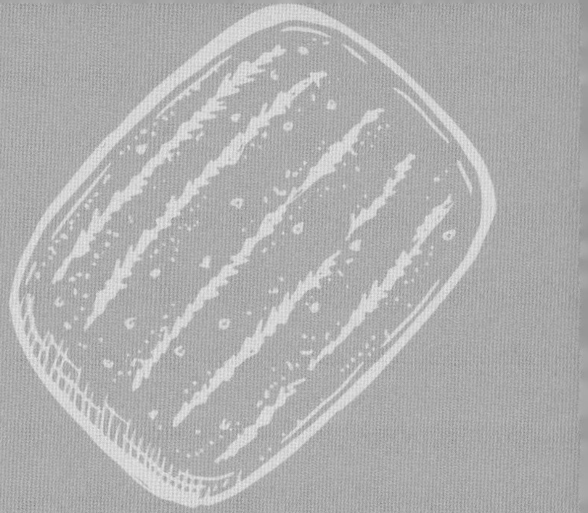

Pour le thé
ou le café

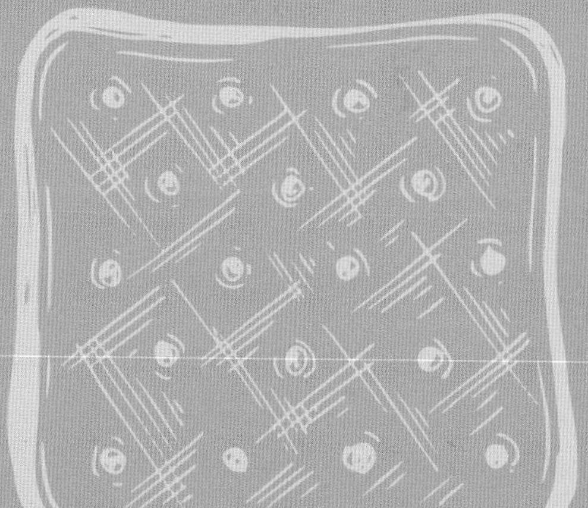

Amaretti pistache

Empruntés à la pâtisserie italienne, les amaretti sont de délicieux petits biscuits préparés à base de blanc d'œuf et de poudre d'amande. Dans cette recette, ils sont twistés à la pistache et c'est un vrai régal !

PRÉPARATION : **5 MIN**
CUISSON : **18 MIN**
POUR 6 AMARETTI

INGRÉDIENTS

- 35 g de blancs d'œuf
- 30 g de sucre en poudre
- 30 g pâte de pistache
- 80 g de poudre d'amande
- 30 g de poudre de pistache
- 1 c. à c. eau de fleur d'oranger
- du sucre glace

Fouettez les blancs d'œuf en leur ajoutant progressivement le sucre en poudre pour obtenir une meringue lisse et brillante. Ajoutez la pâte de pistache et fouettez quelques instants, juste assez pour qu'elle s'incorpore. Versez la poudre d'amande et la poudre de pistache sur le mélange précédent et mélangez délicatement à la maryse pour obtenir un appareil homogène. Ajoutez l'eau de fleur d'oranger et mélangez à nouveau.

Posez une feuille de papier sulfurisé sur une plaque à pâtisserie. Avec une cuillère à glace, ou avec les mains, formez les amaretti. Espacez-les bien sur la feuille de cuisson, ils vont un peu s'étaler à la cuisson. Saupoudrez le sucre glace sur les amaretti.

Préchauffez le four à 150 °C (th. 5) chaleur tournante. Enfournez les biscuits pour 18 min de cuisson (la durée de cuisson peut varier selon les fours). Vos amaretti doivent être légèrement dorés et souples au doigt. Ils se raffermiront en surface en refroidissant.

Baci di dama

Les baci di dama (ou baisers de dame) sont originaires d'Italie et plus précisément du Piémont. Ce sont des petits biscuits ronds aux noisettes réunis par une ganache au chocolat.

Préparation : **15 min**
Cuisson : **15 min**
Pour 18 biscuits

INGRÉDIENTS

- 2 blancs d'œuf
- 100 g de sucre en poudre
- 180 g de poudre de noisette
- 20 g de beurre
- 115 g de chocolat noir

Préchauffez le four à 160 °C (th. 5-6) chaleur tournante.

Montez les blancs en neige en ajoutant progressivement le sucre en poudre. Ajoutez ensuite la poudre de noisette tamisée puis mélangez délicatement avec une maryse.

Versez l'appareil dans une poche à douille munie d'une douille lisse de 10 mm de diamètre. Sur une plaque à pâtisserie recouverte de papier sulfurisé, pochez les biscuits en les espaçant bien.

Enfournez pour 15 min de cuisson ou jusqu'à ce qu'ils soient légèrement dorés et craquelés. À la sortie du four, laissez-les refroidir à température ambiante.

Faites fondre le chocolat avec le beurre, mélangez bien. Collez les biscuits deux par deux avec une petite quantité de ganache au chocolat.

Bâtons de maréchaux

Délicieux avec le café, les bâtons de maréchaux sont de petits biscuits aux amandes et au chocolat. Ce petit biscuit est en fait une dacquoise. Il se compose donc d'une meringue française à laquelle on ajoute de la poudre d'amandes et un peu de farine. Si vous avez un reste de blancs d'œuf, c'est la recette de biscuits qu'il vous faut !

Préparation : **15 min**
Cuisson : **15 min**
Pour 30 biscuits

INGRÉDIENTS

- 60 g de blancs d'oeuf
- 60 g de sucre en poudre
- 60 g de poudre d'amande
- 10 g de farine
- 50 g de pralin ou d'amandes hachées
- 100 g de chocolat noir

Préchauffez le four à 150 °C (th. 5) chaleur tournante et placez une feuille de papier sulfurisé légèrement graissée sur une plaque à pâtisserie.

Dans le bol du robot, fouettez les blancs d'œuf en ajoutant progressivement le sucre en poudre pour obtenir une meringue lisse et brillante.

Tamisez la poudre d'amande et la farine sur la meringue et mélangez délicatement à la maryse.

Versez l'appareil dans une poche à douille munie d'une douille lisse de 10 mm et pochez des biscuits de 6 cm de longueur environ sur le papier sulfurisé. Les biscuits ne se développent pas trop à la cuisson, il n'est pas nécessaire de les espacer particulièrement.

Saupoudrez le pralin ou les amandes hachées sur les biscuits pour les recouvrir.
Relevez ensuite la feuille de cuisson à la verticale pour faire tomber l'excédent de pralin. N'ayez pas peur : les biscuits ne tomberont pas.
Enfournez les biscuits pour 15 min de cuisson (la durée de cuisson peut varier selon les fours). Les bâtons de maréchaux doivent être dorés sur les bords et moelleux à cœur.
Laissez les biscuits refroidir à température ambiante puis, avec une spatule, décollez-les délicatement de la feuille de cuisson.

Au bain-marie ou au micro-ondes, faites fondre le chocolat noir. Au micro-ondes, je le mets une minute à pleine puissance de façon à ce qu'il ne soit pas complètement fondu. Il suffit ensuite de le mélanger vivement à la spatule pour faire fondre les morceaux restants et obtenir du chocolat tempéré pour enrober les biscuits.
Trempez la base des biscuits dans le chocolat noir et posez-les sur une feuille de papier sulfurisé propre. Laissez cristalliser à température ambiante.

Lemon crinkles

Connaissez-vous les lemon crinkles ? Les crinkles sont de petits biscuits ronds, croquants à l'extérieur et moelleux à l'intérieur avec un joli petit look de macarons à l'ancienne. Ces délicieux biscuits tiennent leur nom de leur aspect craquelé. Ils sont également facilement reconnaissables à leur voile de sucre glace en surface ! Parfumés au citron, ils sont à la fois gourmands et acidulés. Et si vous souhaitez que le goût du citron soit plus intense, n'hésitez pas à rajouter le zeste du citron dans la pâte.

Préparation : **10 min**
Cuisson : **20 min**
Repos : **1 h**
Pour 20 biscuits

INGRÉDIENTS

- 1 œuf
- 100 g de beurre à température ambiante
- Le jus d'un citron et le zeste pour un goût plus intense
- 120 g de sucre en poudre
- 300 g de farine
- 5 g de levure chimique
- 1 pointe de colorant jaune (facultatif)
- Sucre glace

Dans un cul de poule, fouettez le beurre mou et l'œuf. Ajoutez la farine, la levure, le sucre en poudre et fouettez à nouveau. Versez le jus de citron, avec le zeste éventuellement, et le colorant, puis fouettez jusqu'à obtenir une pâte homogène. Filmez la pâte au contact et réservez-la au réfrigérateur pendant 30 min.

Après ce temps de repos, formez des boules de pâte (environ 30 g) avec les mains.

Versez du sucre glace dans une assiette et roulez-y les lemon crinkles, puis posez-les sur une plaque en métal perforée recouverte d'une feuille de papier sulfurisé. Placez la plaque au réfrigérateur pendant 30 min.

Préchauffez le four à 180 °C (th. 6) et enfournez vos lemon crinkles dans le four chaud pour 20 min de cuisson. À la sortie du four, laissez vos biscuits refroidir à température ambiante avant de les déplacer au risque de les casser.

Crinkles à l'orange sanguine

Préparation : **10 min**
Cuisson : **20 min**
Repos : **1 h**
Pour 20 biscuits

INGRÉDIENTS

- 100 g de beurre à température ambiante
- 1 œuf
- 300 g de farine
- 5 g de levure chimique
- 120 g de sucre en poudre
- Le jus et le zeste d'une orange sanguine
- 1 pointe de colorant orange (facultatif)
- Sucre glace

Dans un cul de poule, fouettez le beurre mou et l'œuf. Ajoutez la farine, la levure, le sucre en poudre et fouettez à nouveau. Versez le jus et le zeste de l'orange sanguine, puis le colorant et fouettez jusqu'à obtenir une pâte homogène. Filmez la pâte au contact et réservez-la au réfrigérateur pendant 30 min.

Après ce temps de repos, formez des boules de pâte (environ 30 g) avec les mains.

Versez du sucre glace dans une assiette et roulez les crinkles dans le sucre glace puis posez-les sur une plaque en métal perforée recouverte d'une feuille de papier sulfurisé. Placez la plaque au réfrigérateur pendant 30 min.

Préchauffez le four à 180 °C (th. 6) et enfournez vos crinkles dans le four chaud pour 20 min de cuisson. À la sortie du four, laissez vos biscuits refroidir à température ambiante avant de les déplacer au risque de les casser.

Crinkles au chocolat

Préparation : **10 min**
Cuisson : **20 min**
Repos : **1 h**
Pour 20 biscuits

INGRÉDIENTS

- 100 g de beurre à température ambiante
- 1 œuf
- 300 g de farine
- 5 g de levure chimique
- 120 g de sucre en poudre
- 20 g de cacao en poudre non sucré
- Sucre glace

Dans un cul de poule, fouettez le beurre mou et l'œuf. Ajoutez la farine, la levure, le sucre en poudre, le cacao et fouettez à nouveau. Enfin, filmez la pâte au contact et réservez-la au réfrigérateur pendant 30 min.

Après ce temps de repos, formez des boules de pâte (environ 30 g) avec les mains.

Versez du sucre glace dans une assiette et roulez-y les crinkles puis posez-les sur une plaque en métal perforée recouverte d'une feuille de papier sulfurisé. Placez la plaque au réfrigérateur pendant 30 min.

Préchauffez le four à 180 °C (th. 6) et enfournez vos crinkles dans le four chaud pour 20 min de cuisson. À la sortie du four, laissez vos biscuits refroidir à température ambiante avant de les déplacer au risque de les casser.

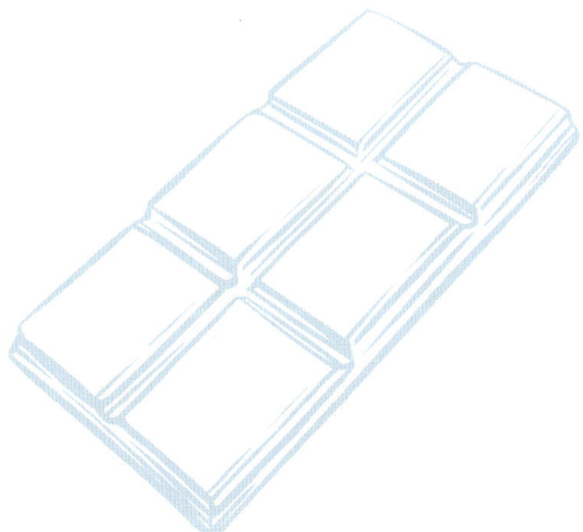

Biscuits sachets de thé

Préparation : **20 min**
Cuisson : **15 min**
Pour 12 biscuits

INGRÉDIENTS

- 100 g de beurre pommade
- 80 g de sucre glace
- 1 œuf
- 200 g de farine
- Quelques fleurs comestibles séchées
- 50 g de chocolat blanc

Préchauffez le four à 180 °C (th. 6) chaleur tournante et recouvrez une plaque à pâtisserie de papier sulfurisé.

Crémez le beurre avec le sucre glace puis ajoutez l'œuf et mélangez bien. Ajoutez la farine en une fois puis mélangez sans trop insister. La pâte doit former une boule.

Étalez la pâte au rouleau et découpez vos biscuits en forme de sachets de thé en n'oubliant pas de percer un trou pour la ficelle.

Déposez les biscuits sur la feuille de cuisson et enfournez pour 12 à 15 min. À la sortie du four, laissez refroidir à température ambiante.

Faites fondre doucement le chocolat blanc, puis pochez-le sur les biscuits et déposez quelques fleurs comestibles séchées.

Cantuccini aux amandes

Préparation : **20 min**
Cuisson : **40 min**
Pour 6 personnes

INGRÉDIENTS

- 100 g d'amandes entières non salées
- 3 œufs
- 200 g de sucre en poudre
- 1 pincée de sel
- Le zeste d'une orange
- 300 g de farine
- 6 g de levure chimique
- 50 g de poudre d'amande

Préchauffez le four à 180 °C (th. 6) chaleur tournante.

Torréfiez les amandes 10 min puis hachez-les grossièrement avec un couteau après refroidissement.

Dans un cul de poule, versez les œufs, le sucre et le sel, ajoutez le zeste de l'orange râpée et fouettez vivement pour faire blanchir le mélange. Ajoutez la farine, la levure chimique et la poudre d'amande, puis les amandes hachées et mélangez pour obtenir une pâte souple.

Formez des boudins de pâte de 3 cm de diamètre environ et disposez-les sur la feuille de cuisson. Enfournez 20 min. À la sortie du four, laissez tiédir puis coupez des tranches de biscuits d'1/2 cm d'épaisseur environ. Remettez les biscuits dans le four éteint mais encore chaud pendant une vingtaine de minutes.

Croissants de lune
aux noisettes

Ma recette facile pour faire de délicieux croissants de lune. Ces biscuits sablés aux noisettes sont parfaits pour déguster avec le café.

Préparation : **10 min**
Cuisson : **20 min**
Repos : **1 h**
Pour 16 biscuits

INGRÉDIENTS

- 120 g de farine T45
- 90 g de beurre froid
- 50 g de poudre de noisette brute
- 30 g de sucre en poudre
- 1 sachet de sucre vanillé
- 30 g de pralin
- 1 g de bicarbonate de soude ou de levure chimique
- 1 pincée de sel

Pour l'enrobage des croissants de lune

- 30 g de sucre glace
- 1 sachet de sucre vanillé

Dans un cul de poule, versez la farine, le beurre coupé en dés, la poudre de noisette, le sucre en poudre et le sucre vanillé, le pralin, le bicarbonate de soude et le sel. Du bout des doigts, malaxez les ingrédients jusqu'à obtenir une boule de pâte homogène. Filmez cette boule au contact, aplatissez-la légèrement et réservez-la 1 h au réfrigérateur.

Après le repos au froid, coupez la pâte en portions de 17 g environ. Sur le plan de travail, ou entre vos mains, roulez les morceaux de pâte pour obtenir un boudin d'environ 4 cm de longueur puis formez des croissants.

Posez les croissants sur une plaque à pâtisserie recouverte de papier sulfurisé puis, avec un couteau d'office, tracez trois traits à la surface des croissants de lune. Attention de ne pas les couper complètement.

Préchauffez le four à 180 °C (th. 6) chaleur tournante puis enfournez les biscuits pour 20 min de cuisson. Ils doivent être bien dorés. À la sortie du four, disposez délicatement les croissants de lune sur une grille et laissez-les refroidir à température ambiante.

Dans un récipient, mélangez le sucre glace et le sucre vanillé et enrobez les biscuits refroidis un par un, délicatement. Les croissants de lune se conservent une semaine dans une boîte métallique hermétiquement fermée.

Diamants au chocolat

Les diamants au chocolat sont des biscuits sablés, leur texture fondante contraste avec le croquant du sucre dans lequel ils sont roulés avant la cuisson. La pâte se prépare la veille, il vous faudra vous organiser, mais, la bonne nouvelle, c'est que le jour J vous n'aurez que le façonnage et la cuisson à faire pour être dans les temps pour le goûter !

Préparation : **15 min**
Cuisson : **16 min**
Repos : **12 h**
Pour 12 biscuits

INGRÉDIENTS

- 200 g de beurre à température ambiante
- 100 g de sucre en poudre + 50 g pour l'enrobage
- 3 jaunes d'œuf
- 250 g de farine
- 60 g de cacao en poudre non sucré
- 30 g de chocolat noir grossièrement concassé

La veille, mélangez le beurre et les 100 g de sucre en poudre. Ajoutez les jaunes d'œuf et mélangez à nouveau. En une fois, ajoutez la farine, le cacao en poudre et le chocolat. Mélangez à la maryse pour former une pâte homogène.

Sur un film alimentaire suffisamment long et large, roulez la pâte à diamants en boudin de 6 cm de diamètre. Filmez le boudin de pâte et réservez au réfrigérateur pendant 12 h.

Le jour J, préchauffez le four à 170 °C (th. 5-6) et préparez une plaque en métal perforée recouverte d'une feuille de papier sulfurisé.

Sortez la pâte du réfrigérateur et, avec un pinceau, badigeonnez-la avec un peu d'eau. Versez les 50 g de sucre en poudre sur votre plan de travail et roulez le boudin dedans. Avec un couteau bien aiguisé, coupez des tranches de 2 cm d'épaisseur dans la pâte à diamants.

Posez les biscuits à plat sur le papier sulfurisé et enfournez pour 16 min. À la sortie du four, laissez refroidir à température ambiante avant de manipuler les biscuits qui risqueraient de se casser.

Diamants à la vanille

Préparation : **15 min**
Cuisson : **16 min**
Repos : **12 h**
Pour 12 biscuits

INGRÉDIENTS

- 200 g de beurre à température ambiante
- 100 g de sucre en poudre + 50 g pour l'enrobage
- 3 jaunes d'œuf
- 250 g de farine
- 1 c. à c. de vanille en poudre

La veille, mélangez le beurre et les 100 g de sucre en poudre. Ajoutez les jaunes d'œuf et mélangez à nouveau. En une fois, ajoutez la farine et la poudre de vanille. Mélangez à la maryse pour former une pâte homogène.

Sur un film alimentaire suffisamment long et large, roulez la pâte à diamants en boudin de 6 cm de diamètre. Filmez le boudin de pâte et réservez au réfrigérateur pendant 12 h.

Le jour J, préchauffez le four à 170 °C (th. 5-6) et préparez une plaque en métal perforée recouverte d'une feuille de papier sulfurisé.

Sortez la pâte du réfrigérateur et, avec un pinceau, badigeonnez-la avec un peu d'eau. Versez les 50 g de sucre en poudre sur votre plan de travail et roulez le boudin dedans. Avec un couteau bien aiguisé, coupez des tranches de 2 cm d'épaisseur dans la pâte à diamants.

Posez les biscuits à plat sur le papier sulfurisé et enfournez pour 16 min. À la sortie du four, laissez refroidir à température ambiante avant de manipuler les biscuits qui risqueraient de se casser.

Diamants au citron

Préparation : **15 min**
Cuisson : **16 min**
Repos : **12 h**
Pour 12 biscuits

INGRÉDIENTS

- 200 g de beurre à température ambiante
- 100 g de sucre en poudre + 50 g pour l'enrobage
- 3 jaunes d'œuf
- Le jus et le zeste d'un citron bio
- 250 g de farine

La veille, mélangez le beurre et les 100 g de sucre en poudre. Ajoutez les jaunes d'œuf et mélangez à nouveau. Ajoutez le jus et le zeste du citron puis la farine. Mélangez à la maryse pour former une pâte homogène.

Sur un film alimentaire suffisamment long et large, roulez la pâte à diamants en boudin de 6 cm de diamètre. Filmez le boudin de pâte et réservez au réfrigérateur pendant 12 h.

Le jour J, préchauffez le four à 170 °C (th. 5-6) et préparez une plaque en métal perforée recouverte d'une feuille de papier sulfurisé.

Sortez la pâte du réfrigérateur et, avec un pinceau, badigeonnez-la avec un peu d'eau. Versez les 50 g de sucre en poudre sur votre plan de travail et roulez le boudin dedans. Avec un couteau bien aiguisé, coupez des tranches de 2 cm d'épaisseur dans la pâte à diamants.

Posez les biscuits à plat sur le papier sulfurisé et enfournez pour 16 min. À la sortie du four, laissez refroidir à température ambiante avant de manipuler les biscuits qui risqueraient de se casser.

Financiers au chocolat

En pâtisserie, de nombreuses recettes ne se font qu'avec des jaunes d'œufs (crème anglaise, bavaroise, crème brûlée…) et il est fréquent que l'on doive se poser la question « que faire avec des blancs d'œuf ? » Le financier est une recette de biscuit qui vous permettra de les écouler et de vous changer un peu des meringues et autres macarons.

Préparation : **15 min**
Cuisson : **15 min**
Pour 6 financiers

INGRÉDIENTS

- 75 g de beurre
- 25 g de farine
- 1 g de levure chimique
- 60 g d'amandes en poudre
- 50 g de sucre glace
- 80 g de blancs d'œuf
- 70 g de chocolat noir à 70 % de cacao

Préchauffez le four à 180 °C (th. 6) et graissez légèrement votre moule à financiers.

Dans une casserole, sur feu vif, faites chauffer le beurre. Ne le quittez pas des yeux. Le beurre est noisette quand il a une jolie couleur ambrée, qu'il dégage un subtil parfum de noisettes et qu'il cesse de « chanter ». Passez votre beurre noisette dans un chinois afin d'en éliminer toutes les impuretés. Réservez.

Dans un cul de poule, versez la farine, la levure chimique, la poudre d'amandes et le sucre glace. Mélangez. Ajoutez les blancs d'œuf puis le beurre noisette et mélangez bien.

Au bain-marie ou au micro-ondes, faites fondre le chocolat doucement, en faisant attention de ne pas le brûler. Ajoutez le chocolat à la préparation précédente et remuez pour obtenir une pâte homogène.

Remplissez les cavités de votre moule avec l'appareil à financier au chocolat, puis enfournez pour 15 min de cuisson. Vérifiez la cuisson en piquant les biscuits en leur centre. À la sortie du four, laissez tiédir une dizaine de minutes puis démoulez les biscuits sur une grille pour les laisser refroidir à température ambiante.

Financiers
à l'abricot et au romarin

Les financiers sont des biscuits moelleux traditionnellement composés de blancs d'œuf non montés, de sucre, de poudre d'amande et de beurre noisette. On peut facilement les revisiter en remplaçant par exemple la poudre d'amande par de la poudre de noisette ou de pistaches, en ajoutant des fruits ou du chocolat, etc.

Préparation : **15 min**
Cuisson : **20 min**
Pour 6 personnes

INGRÉDIENTS

- 100 g de beurre
- 90 g de sucre glace
- 30 g de farine T45
- 50 g de poudre d'amande
- 90 g de blancs d'oeuf
- 3 abricots
- 1 branche de romarin

Dans une casserole, faites chauffer le beurre jusqu'à ce qu'il prenne une couleur noisette. Surveillez-le bien, il ne doit pas brûler.

Filtrez le beurre dans un cul de poule. Ajoutez le sucre glace, la farine et la poudre d'amande, puis mélangez vivement au fouet pour qu'il n'y ait pas de grumeaux. Ajoutez enfin les blancs d'œuf non montés et mélangez à nouveau pour obtenir un appareil lisse et homogène.

Préchauffez le four à 180 °C (th. 6) chaleur tournante et versez l'appareil dans un moule à financiers en silicone.

Découpez les abricots en petits morceaux et répartissez-les sur les financiers. Ajoutez quelques feuilles de romarin.

Enfournez pour 20 min de cuisson (la durée de cuisson peut varier selon la puissance du four). Piquez vos gâteaux au centre pour vérifier qu'ils sont bien cuits.

Financiers à la fraise

Préparation : **15 min**
Cuisson : **20 min**
Pour 6 personnes

INGRÉDIENTS

- 100 g de beurre
- 90 g de sucre glace
- 30 g de farine T45
- 50 g de poudre d'amande
- 90 g de blancs d'oeuf
- 100 g de fraises

Dans une casserole, faites chauffer le beurre jusqu'à ce qu'il prenne une couleur noisette. Surveillez-le bien, il ne doit pas brûler.

Filtrez le beurre dans un cul de poule. Ajoutez le sucre glace, la farine et la poudre d'amande, puis mélangez vivement au fouet pour qu'il n'y ait pas de grumeaux. Ajoutez enfin les blancs d'œuf et mélangez à nouveau pour obtenir un appareil lisse et homogène.

Préchauffez le four à 180 °C (th. 6) chaleur tournante et versez l'appareil dans un moule à financiers en silicone.

Découpez les fraises en petits morceaux et répartissez-les sur les financiers.

Enfournez pour 20 min de cuisson (la durée de cuisson peut varier selon la puissance du four). Piquez vos gâteaux au centre pour vérifier qu'ils sont bien cuits.

Millionnaire shortbread

C'est un dessert gourmand qui nous vient d'Écosse et qui se compose d'un biscuit shortbread sur lequel on coule un caramel fudge puis une couche de chocolat au lait.

Préparation : **20 min**
Cuisson : **25 min**
Repos : **2 h**
Pour 8 personnes

INGRÉDIENTS

- 180 g de farine
- 120 g de beurre pommade
- 180 g de sucre en poudre
- 1 c. à c. de levure chimique
- 1/2 c. à c. de fleur de sel
- 120 g de beurre
- 1 boîte de lait concentré sucré de 397 g
- 2 c. à s. de miel
- 200 g de chocolat au lait

Préparez le shortbread : posez un cadre de 20 cm de côté légèrement graissé sur un tapis de cuisson lui-même posé sur une plaque à pâtisserie. Préchauffez le four à 170 °C (th. 5-6) chaleur tournante.

Dans le bol du robot, versez la farine, le beurre pommade, 60 g de sucre en poudre, la fleur de sel et la levure chimique. Avec la feuille pétrissez la pâte jusqu'à ce qu'elle forme une boule. Étalez la pâte au fond du cadre et lissez la surface. Enfournez le shortbread pour 25 min de cuisson. Le biscuit ne doit pas colorer. À la sortie du four, laissez-le refroidir sur la plaque sans enlever le cadre et sans le manipuler, il est très friable.

Préparez le caramel fudge : dans une casserole, versez le beurre coupé en morceaux, 120 g de sucre en poudre, le lait concentré sucré et le miel. Faites cuire sur feu moyen en remuant constamment. Attention, le mélange contient beaucoup de sucre et peut brûler facilement. Surveillez la température et ne cessez pas de remuer. Le caramel fudge est cuit lorsqu'il est onctueux et ambré. Versez immédiatement le caramel fudge sur le shortbread et lissez la surface à la spatule. Laissez le caramel figer en surface à température ambiante.

Préparez le nappage du millionnaire shortbread : au bain-marie ou au micro-ondes, faites fondre doucement le chocolat au lait. Remuez-le vivement pour faire fondre les morceaux résiduels hors du feu. Versez le chocolat fondu sur le caramel fudge et réservez le shortbread millionnaire au réfrigérateur pendant 2 h.

Avant de servir le gâteau millionnaire, découpez-le en carrés.

Langues de chat

Vous connaissez sûrement les fameuses boîtes de biscuits en métal que nos grands-mères étaient fières de sortir à l'heure du café ! Quand j'étais enfant, je me jetais sur les sprits, laissant les langues de chat pour les jours où je n'aurais plus le choix. Et pourtant les langues de chat maison c'est très bon ! Pour accompagner une tasse de café ou une mousse au chocolat, c'est la recette idéale de biscuits maison.

PRÉPARATION : **10 MIN**
CUISSON : **8 MIN**
POUR 30 BISCUITS

INGRÉDIENTS

- 100 g de beurre pommade
- 100 g de sucre glace
- 2 blancs d'œuf (environ 60 g)
- 120 g de farine

Préchauffez le four à 170 °C (th. 5-6) chaleur tournante et recouvrez une plaque à pâtisserie de papier sulfurisé.

Dans un cul de poule, avec une spatule, fouettez le beurre pommade et le sucre glace pour obtenir un mélange crémeux et homogène. Ajoutez les blancs d'œuf petit à petit et mélangez vivement sans émulsionner les blancs. Ajoutez enfin la farine et mélangez délicatement en veillant à ne pas faire de grumeaux.

Mettez la pâte à biscuits en poche et coupez-en l'extrémité de façon à obtenir un orifice de sortie d'environ 1,5 cm de diamètre. Pochez les langues de chat en quinconce sur 6 cm de longueur environ.

Enfournez les biscuits dans le four chaud pour 8 min de cuisson environ (la durée de cuisson peut varier selon la puissance du four). Vos langues de chat sont cuites lorsque les bords commencent à dorer. Sortez la plaque et laissez les biscuits refroidir à température ambiante avant de les manipuler.

Vous pouvez conserver vos langues de chat dans une boîte hermétique à l'abri de l'humidité.

Macarons vanille
à la meringue italienne

Les macarons sont des petits biscuits meringués que l'on assemble en les collant deux par deux avec une couche de ganache. La base du biscuit étant la meringue, vous pouvez faire des macarons à la meringue française, italienne ou suisse. J'utilise toujours la recette des macarons à la meringue italienne, je les trouve plus moelleux qu'avec la meringue française.
Avec ma recette détaillée des macarons à la vanille, les macarons n'auront plus aucun secret pour vous. Réussissez-les à tous les coups !

Préparation : **30 min**
Cuisson : **17 min**
Repos : **2 h**
Pour 20 macarons

INGRÉDIENTS

- 110 g de blancs d'œuf
- 160 g de sucre en poudre
- 50 g d'eau (minérale de préférence)
- 150 g de sucre glace
- 150 g de poudre d'amande

Pour la ganache montée vanille
- 150 g de chocolat blanc
- 135 g de crème liquide entière
- 2 gousses de vanille

Préparez la ganache montée vanille : portez la crème liquide à ébullition avec les graines des gousses de vanille fendues et grattées. Versez la crème chaude sur le chocolat blanc et mélangez vivement. Versez la ganache dans un récipient plat, filmez au contact et réservez 2 h au réfrigérateur.

Préparez les coques de macarons : effectuez toutes les pesées. Les blancs d'œuf doivent être pesés en deux fois 55 g dans des récipients différents. Fouettez 55 g de blancs d'œuf avec 10 g de sucre en poudre pour obtenir une meringue souple. Pendant ce temps, dans une casserole portez le sucre en poudre et l'eau à 115 °C. Versez le sirop à température sur les blancs montés tout en laissant le fouet tourner. Ajoutez ensuite les blancs d'œuf non montés et continuez de fouetter à vitesse rapide jusqu'à refroidissement complet de la meringue.

Tamisez ensemble le sucre glace et la poudre d'amande. Versez le mélange de poudres dans le bol du robot et remplacez le fouet par la feuille. Fouettez à vitesse lente jusqu'à ce que les poudres soient bien incorporées.

Dégagez le bol du robot et, avec une maryse, macaronnez en partant du centre et en remontant vers les parois du bol. L'appareil à macarons doit faire un ruban discontinu lorsque vous soulevez la maryse. Versez l'appareil à macarons dans une poche à douille munie d'une douille lisse de 10 mm.

Préchauffez le four à 170 °C (th. 5-6) chaleur statique (ou chaleur tournante selon ce qui fonctionne chez vous). Posez une feuille de papier sulfurisé ou un tapis de cuisson sur une plaque à pâtisserie et pochez vos macarons. Pour pocher correctement des macarons, positionnez-vous à la perpendiculaire de la plaque, pochez en une seule pression et arrêtez votre mouvement en lissant la pointe par un mouvement sec circulaire.

Enfournez vos macarons pour 17 min de cuisson (pour des macarons de 4 cm de diamètre environ). Adaptez le temps de cuisson à la taille de vos macarons et à la puissance de votre four. N'ouvrez pas le four en cours de cuisson. À la sortie du four, laissez les macarons refroidir à température ambiante.

Récupérez la ganache vanille froide et fouettez-la vivement pour obtenir une ganache montée ferme. Versez-la dans une poche à douille munie d'une douille lisse de 10 mm.

Pochez une boule de ganache montée sur un macaron sur deux et assemblez-les entre eux. Les macarons sont toujours meilleurs le lendemain...

Macarons au citron

Préparation : **30 min**
Cuisson : **15 min**
Repos : **2 h**
Pour 20 macarons

INGRÉDIENTS

- 110 g de blancs d'œuf
- 160 g de sucre en poudre
- 50 g d'eau (minérale de préférence)
- Colorant jaune hydrosoluble
- 150 g de sucre glace
- 150 g de poudre d'amande ou de noisette

Pour le lemon curd
- 120 ml de jus de citron (environ 3 gros citrons)
- 3 œufs
- 120 g de sucre en poudre
- 10 g de fécule de maïs
- 80 g de beurre

Préparez le lemon curd : dans une casserole, versez le jus de citron, les œufs, le sucre en poudre et la fécule de maïs. Fouettez bien pour que le mélange soit homogène. Faites cuire ce mélange en remuant constamment, jusqu'à ébullition. Hors du feu, ajoutez le beurre et mélangez bien jusqu'à ce qu'il fonde et s'incorpore totalement.

Versez le lemon curd dans un plat propre, filmez au contact et réservez au réfrigérateur jusqu'à total refroidissement.

Préparez les coques de macarons : dans le bol du robot, fouettez 55 g de blancs d'œuf avec 10 g de sucre en poudre. En même temps, dans une casserole, portez 150 g de sucre en poudre et l'eau à 115 °C. Lorsque les blancs sont mousseux et que le sirop est à température, versez-le en une fois sur les blancs tout en laissant le robot tourner. Ajoutez les 55 g de blancs d'œuf restants puis le colorant en quantité suffisante pour obtenir l'intensité de couleur souhaitée. Laissez tourner le robot jusqu'à ce que la meringue italienne soit à température ambiante. Vérifiez en posant votre main sur le bol du robot.

Dégagez le bol du robot puis pesez la poudre d'amande et le sucre glace dans un cul de poule. Avec un fouet à main, mélangez vivement pour bien casser les éventuels amas de poudre. Cette étape se substitue au tamisage, mais tamisez si vous préférez.

Versez le mélange de poudres sur la meringue italienne et avec une maryse, macaronnez votre appareil. Il s'agit là de mélanger l'appareil en partant du centre et en remontant vers les bords. Faites attention à bien récupérer toute la matière au fond du bol et n'hésitez pas à bien mélanger. Votre appareil doit être lisse et doit faire le ruban, c'est-à-dire que lorsque vous sortez la maryse, votre appareil à macarons doit s'en écouler en un ruban continu, sans toutefois être trop liquide. Vérifiez la texture de l'appareil régulièrement. Il ne doit pas être trop liquide au risque que vos macarons ne s'étalent trop à la cuisson. Versez l'appareil à macarons dans une poche à douille munie d'une douille lisse de 10 mm.

Préchauffez le four à 170 °C (th. 5-6) chaleur statique (ou tournante si c'est ce qui fonctionne le mieux chez vous) et recouvrez une plaque à pâtisserie en métal de papier sulfurisé. Pochez vos macarons en mettant la poche parfaitement perpendiculaire à la plaque et en exerçant une pression continue. Avant de lever la poche à douille, faites un petit rond au-dessus pour lisser votre pochage. Espacez vos macarons pour ne pas qu'ils se collent ensemble à la cuisson.

Enfournez-les pour 15 min de cuisson. Les macarons sont cuits lorsqu'ils sont solidaires de la collerette qui s'est formée. À la sortie du four, laissez-les refroidir à température ambiante avant de les décoller délicatement. Lorsqu'ils sont froids, avec votre pouce, enfoncez légèrement l'intérieur de chaque coque.

Récupérez le lemon curd et mélangez-le pour qu'il retrouve son homogénéité. Versez-le dans une poche à douille, coupez l'extrémité et garnissez une coque sur deux. Assemblez vos macarons avec une coque garnie et une coque vide.

Shortbreads citron pavot

Le shortbread est un biscuit à la fois fondant et croustillant, typique de la pâtisserie anglaise. Il tient sa texture particulière de sa composition parce que le shortbread est un biscuit sans œuf. Voici la recette des shortbreads citron pavot.

Préparation : **10 min**
Cuisson : **12 min**
Pour 20 shortbreads

INGRÉDIENTS

- 200 g de beurre pommade
- 70 g de sucre en poudre
- 1 citron
- 185 g de farine
- 80 g de fécule de maïs
- 25 g de graines de pavot

Préchauffez le four à 180 °C (th. 6) chaleur tournante.

Zestez le citron avec un zesteur.

Dans le bol du robot ou dans un cul de poule, crémez le beurre pommade avec le sucre en poudre et les zestes du citron.

Dans un ramequin, mélangez la farine, la fécule de maïs et les graines de pavot. Versez ce mélange dans le bol du robot et fouettez quelques instants pour obtenir une pâte homogène.

Versez la pâte à shortbreads citron pavot dans une poche sans douille et coupez l'extrémité. Pochez vos biscuits dans le moule de votre choix puis enfournez pour une douzaine de minutes. Selon la matière et la capacité des moules utilisés, vous devrez adapter le temps de cuisson. À la sortie du four, laissez les shortbreads citron pavot refroidir avant de les démouler.

Spéculoos

Les spéculoos sont des biscuits secs à la cannelle que l'on utilise beaucoup en pâtisserie, notamment pour faire des fonds de biscuits reconstitués pour les entremets ou les cheesecakes. Avec les spéculoos on peut également faire une délicieuse pâte à tartiner maison.

Préparation : **15 min**
Cuisson : **15 min**
Repos : **30 min**
Pour 500 g de biscuits

INGRÉDIENTS

- 100 g de beurre pommade
- 100 g de vergeoise brune ou de cassonade
- 1 oeuf
- 10 ml de lait
- 200 g de farine
- 10 g de cannelle en poudre
- 1 pincée de sel
- 6 g de levure chimique

Dans un cul de poule, fouettez vivement le beurre pommade et la vergeoise pour obtenir un mélange crémeux et homogène. Ajoutez l'œuf, puis le lait et mélangez vivement. Ajoutez enfin la farine, le sel, la cannelle en poudre et la levure chimique. Mélangez les ingrédients juste assez pour que la pâte à biscuits forme une boule. Aplatissez légèrement cette boule et filmez-la au contact. Réservez 30 min au réfrigérateur.

Préchauffez le four à 180 °C (th. 6) chaleur tournante et recouvrez une plaque à pâtisserie de papier sulfurisé.

Étalez la pâte à spéculoos au rouleau entre deux feuilles de papier sulfurisé sur 3 mm d'épaisseur, puis découpez vos biscuits à l'emporte-pièce. Le nombre de biscuits dépendra bien sûr de la taille de vos emporte-pièces. Transférez délicatement les biscuits sur la feuille de cuisson. S'il fait chaud et que la pâte est trop molle, placez vos biscuits au congélateur pendant 10 min.

Enfournez les spéculoos pour 15 min de cuisson. À la sortie du four, transférez la feuille de cuisson sur une grille et laissez les biscuits refroidir à température ambiante sans les manipuler. Stockez vos spéculoos refroidis à l'abri de l'humidité.

Note : *Si vous n'avez pas d'emporte-pièce, faites un boudin avec la pâte, filmez-le au contact et réservez-le 1 h 30 au réfrigérateur. Avec un couteau d'office, coupez ensuite des tranches de 3 mm dans ce boudin et posez les biscuits sur une plaque à pâtisserie recouverte de papier sulfurisé.*

Sablés bretons

Une recette de biscuits sablés à la texture friable et au bon goût de beurre.

Préparation : **15 min**
Cuisson : **20 min**
Repos : **12 h**
Pour 8 biscuits

INGRÉDIENTS

- 60 g de jaunes d'œufs
- 120 g de sucre en poudre
- 130 g de beurre demi-sel tempéré ou 130 g de beurre doux + 3 g de sel fin
- 180 g de farine T45
- 9 g de levure chimique

Dans le bol du robot, fouettez les jaunes d'œufs avec le sucre en poudre pour faire blanchir le mélange. Pendant ce temps, tamisez ensemble la farine, le sel (si vous utilisez du beurre doux) et la levure chimique.

Lorsque les jaunes d'œufs ont blanchi, remplacez le fouet par la feuille (fouet plat). Versez les poudres tamisées sur les jaunes d'œufs puis le beurre tempéré. Fouettez juste assez pour que la pâte soit homogène. Cornez la pâte et filmez-la au contact pour la réserver au réfrigérateur jusqu'au lendemain.

Préchauffez le four à 170 °C (th. 5-6) en chaleur tournante et recouvrez une plaque à pâtisserie de papier sulfurisé.

Entre deux feuilles de papier sulfurisé, étalez au rouleau la pâte à sablé breton sur 6 mm environ.

Avec vos cercles (5-6 cm), détaillez des biscuits et posez-les, en laissant le cercle, sur la feuille de cuisson. Ne graissez pas l'intérieur des cercles, les sablés bretons contiennent suffisamment de beurre pour être décerclés sans encombre après cuisson.

Enfournez les biscuits pour 20 min de cuisson. Au bout de 10 min, ouvrez le four et ôtez les cercles sans vous brûler. Poursuivez la cuisson puis, à la sortie du four, faites glisser la feuille de cuisson sur une grille pour laisser vos biscuits refroidir à température ambiante.

Sablés coco

Parce qu'il n'y a rien de meilleur et de plus facile à faire que des biscuits maison, voici la recette des sablés coco

Préparation : **10 min**
Cuisson : **20 min**
Repos : **30 min**
Pour 50 biscuits

INGRÉDIENTS

- 110 g de farine
- 110 g de sucre en poudre
- 110 g de noix de coco râpée
- 2 g de levure chimique
- 110 g de beurre froid
- 1 pincée de fleur de sel
- 1 œuf

Dans un cul de poule, mélangez les ingrédients secs : farine, sucre en poudre, noix de coco râpée, levure chimique et fleur de sel. Ajoutez le beurre froid coupé en morceaux et, du bout des doigts, mélangez pour obtenir un sable grossier. Ajoutez l'œuf et mélangez juste assez pour que la pâte forme une boule.

Réfrigérez la pâte au moins 30 min.

Étalez la pâte au rouleau sur 3 mm et découpez vos biscuits avec un emporte-pièce rond.

Préchauffez le four à 170 °C (th. 5-6) en chaleur tournante et recouvrez une plaque à pâtisserie en métal perforé d'une feuille de papier sulfurisé ou d'un tapis silpat.

Placez vos biscuits en les espaçant un peu puis enfournez pour 20 min. À la sortie du four, laissez les biscuits refroidir à température ambiante avant de les manipuler.

Tuiles aux amandes

Comment faire des tuiles aux amandes maison ? Pour accompagner une tasse de café ou une mousse au chocolat, c'est la recette idéale de biscuits maison.

Préparation : **10 min**
Cuisson : **18 min**
Pour 30 biscuits

INGRÉDIENTS

- 100 g de beurre pommade
- 100 g de sucre glace
- 2 blancs d'œufs (environ 60 g)
- 120 g de farine
- Des amandes effilées

Préchauffez le four à 170 °C (th. 5-6) en chaleur tournante et recouvrez une plaque à pâtisserie de papier sulfurisé.

Dans un cul de poule, avec une spatule, fouettez le beurre pommade et le sucre glace pour obtenir un mélange crémeux et homogène. Ajoutez les blancs d'œufs, petit à petit, et mélangez vivement sans émulsionner les blancs. Ajoutez enfin la farine et mélangez délicatement en veillant à ne pas faire de grumeaux.

Mettez la pâte à biscuits en poche et coupez-en l'extrémité de façon à obtenir un orifice de sortie d'environ 1,5 cm de diamètre. Pochez des ronds de pâte de 5 cm de diamètre environ, en quinconce sur le papier sulfurisé. Parsemez les amandes effilées.

Enfournez les biscuits dans le four chaud pour 8 min de cuisson environ. La durée de cuisson peut varier selon la puissance du four. Vos tuiles aux amandes sont cuites lorsque les bords commencent à dorer.

Si vous souhaitez donner une forme arrondie à vos tuiles aux amandes, dès la sortie du four posez-les sur votre rouleau à pâtisserie jusqu'à refroidissement complet.

Pour les enfants et les grands

Barquettes

Retour en enfance avec les barquettes à la confiture et au chocolat !

Préparation : **10 min**
Cuisson : **10 min**
Pour 24 barquettes

INGRÉDIENTS

- 2 œufs
- 50 g de sucre en poudre
- 50 g de farine
- Pâte à tartiner, confiture au choix ou lemon curd

Préchauffez le four à 180 °C (th. 6) chaleur tournante.

Clarifiez les œufs. Fouettez les jaunes d'œufs avec le sucre en poudre pour faire blanchir le mélange. Incorporez la farine en mélangeant bien. Montez les blancs en neige et incorporez-les délicatement au mélange précédent.

Versez la pâte dans les empreintes du moule à barquettes et enfournez pour une dizaine de minutes de cuisson. À la sortie du four, creusez un peu les biscuits avec le doigt ou le manche d'une petite cuillère.

Remplissez les cavités avec de la confiture de fraise, de la pâte à tartiner ou du lemon curd.

Barres gourmandes
à l'avoine et à l'abricot

Ma recette facile, rapide et délicieuse des barres gourmandes aux flocons d'avoine et à la confiture d'abricots.

Préparation : **30 min**
Cuisson : **30 min**
Pour 6 personnes

INGRÉDIENTS

- 140 g de farine
- 2 g de levure chimique
- 2 g de sel
- 80 g de flocons d'avoine
- 40 g de miel
- 70 g de beurre
- 2 c. à s. de noix de coco râpée
- confiture d'abricots

Préchauffez le four à 180 °C (th. 6) chaleur tournante. Chemisez un moule carré de 20 cm de côté avec une feuille de papier sulfurisé légèrement graissée.

Dans un cul de poule, mélangez la farine, la levure chimique, le sel, les flocons d'avoine, la noix de coco râpée et le miel. Ajoutez le beurre en morceaux et, avec les doigts, malaxez les ingrédients pour obtenir une pâte ayant la consistance d'un crumble.

Étalez les 2/3 de cette pâte au fond du moule en la tassant bien avec les mains. Tartinez cette pâte d'une couche généreuse de confiture d'abricots et recouvrez-la avec le reste de pâte.

Pressez un peu la pâte et enfournez pour 30 min de cuisson. Le dessus du biscuit doit être bien doré. À la sortie du four, laissez refroidir à température ambiante avant de démouler.
Découpez des barres et régalez-vous !

CREMERIE
3

Biscuits
à la pâte à tartiner

Deux ingrédients suffisent pour faire ces délicieux biscuits à la pâte à tartiner !

Préparation : **5 min**
Cuisson : **10 min**
Pour 12 biscuits

INGRÉDIENTS

- 200 g de pâte à tartiner
- 80 g de farine

Préchauffez le four à 180 °C (th. 6) chaleur tournante.

Dans un cul de poule, mélangez la pâte à tartiner avec la farine.

Formez des boules de pâte et posez-les sur une plaque à pâtisserie recouverte de papier sulfurisé.

Enfournez les biscuits pour 10 min de cuisson.

Biscuits au beurre de cacahuète

Préparation : **15 min**
Cuisson : **10 min**
Pour 20 cookies

INGRÉDIENTS

- 100 g de beurre pommade
- 100 g de beurre de cacahuète
- 100 g de sucre en poudre
- 1 oeuf
- 150 g de farine
- 3 g de levure chimique

Préchauffez le four à 180 °C (th. 6) chaleur tournante.

Dans un cul de poule, mélangez tous les ingrédients pour obtenir une pâte lisse et homogène.

Formez des boules de pâte avec les mains et posez-les sur une plaque à pâtisserie recouverte de papier sulfurisé.

Enfournez pour 10 min de cuisson. Laissez refroidir à température ambiante.

Lait

Biscuits sablés au cacao fourrés chocolat

Les biscuits sablés au cacao fourrés au chocolat, une recette facile et gourmande des biscuits fourrés faits maison.

Préparation : **1 h**
Cuisson : **10 min**
Pour environ 12 biscuits

INGRÉDIENTS

Pour la ganache au chocolat noir
- 250 g de chocolat noir de couverture
- 200 ml de crème liquide entière

Pour les biscuits sablés au cacao
- 210 g de farine T45
- 40 g de poudre de noisette
- 1 c. à s. de cacao en poudre non sucré
- 1 pincée de fleur de sel
- 100 g de beurre à température ambiante
- 60 g de miel neutre en goût (acacia par exemple)
- 1 œuf

Préparez la ganache au chocolat noir : pesez le chocolat noir dans un cul de poule et portez la crème liquide entière à ébullition. Versez la crème liquide bouillante, en trois fois, sur le chocolat et remuez vivement pour créer une émulsion. Filmez au contact dans un récipient plat et réservez au réfrigérateur.

Préparez les biscuits sablés au cacao : préchauffez le four à 180 °C (th. 6) chaleur tournante et recouvrez une plaque à pâtisserie perforée de papier sulfurisé.

Dans le bol du robot ou dans un cul de poule, mélangez les ingrédients secs : farine, poudre de noisette, cacao et fleur de sel. Ajoutez ensuite le beurre pommade, le miel et l'œuf. Mélangez à la feuille ou avec les mains jusqu'à obtenir une boule de pâte homogène.

Placez la boule de pâte sur le plan de travail entre deux feuilles de papier sulfurisé. Au rouleau, étalez la pâte sablée au cacao sur 3 mm d'épaisseur. Avec un emporte-pièce, découpez les biscuits. Le nombre de biscuits obtenus va dépendre de la taille de votre emporte-pièce (le mien fait 8 cm de diamètre). N'hésitez pas à remettre les chutes de pâte en boule et à les étaler à nouveau pour former de nouveaux biscuits.

Placez les biscuits sur la feuille de cuisson et enfournez pour 10 min de cuisson. À la sortie du four, faites glisser la feuille de cuisson sur une grille et laissez les biscuits refroidir à température ambiante.

Récupérez la ganache refroidie et mélangez-la vivement pour qu'elle soit lisse homogène. Versez-la dans une poche sans douille, et coupez l'extrémité sur 3 cm de diamètre environ. Pochez de la ganache au centre d'un biscuit, environ la valeur d'une cuillère à soupe puis recouvrez avec un second biscuit. Pour fermer les sablés fourrés au chocolat, je vous conseille de faire tourner le biscuit du dessus plutôt que d'appuyer, le biscuit pourrait se casser.

Biscuits sablés
tourbillon vanille chocolat

Ces tourbillons sablés à la vanille et au chocolat seront délicieux au petit-déjeuner ou au goûter accompagnés d'un verre de lait ou d'un chocolat chaud.

Préparation : **30 min**
Cuisson : **20 min**
Repos : **1 h**
Pour 6 personnes

INGRÉDIENTS

- 100 g de beurre pommade
- 80 g de sucre glace
- 3 g de sel fin
- 1 œuf
- 200 g de farine T55
- 1 c. à s. de cacao en poudre non sucré

Dans le bol du robot, fouettez avec le fouet plat le beurre pommade, le sucre glace et le sel. Ajoutez l'œuf et fouettez vivement. Versez ensuite la farine et fouettez jusqu'à ce que la pâte commence à s'amalgamer.

Décuvez la pâte sur le plan de travail et écrasez-la avec le plat de la main à 3 reprises pour la fraser et éliminer ainsi les éventuels morceaux de beurre restants.

Pesez la pâte et divisez-la en deux parts égales. Dans l'une des deux moitiés ajoutez le cacao en poudre et malaxez-la à la main pour que la couleur soit homogène. Filmez les deux pâtons au contact et réservez les 30 min au réfrigérateur.

Étalez les pâtons séparément au rouleau, sur 2 mm d'épaisseur. Sur le premier, appliquez un peu d'eau au pinceau et superposez le deuxième. Avec un grand couteau, parez les côtés pour obtenir un rectangle.

Roulez le pâton reconstitué sur lui-même, bien serré, filmez au contact et réservez 30 min au réfrigérateur.

Préchauffez le four à 170 °C (th. 5-6) chaleur tournante et recouvrez une plaque à pâtisserie de papier sulfurisé.

Coupez des tranches de 5 mm dans votre boudin de pâte vanille-chocolat puis posez-les à plat sur la feuille de papier sulfurisé. Enfournez pour 20 min de cuisson environ (la durée de cuisson peut varier selon les fours). Les biscuits tourbillon doivent être légèrement dorés.
Laissez refroidir à température ambiante et régalez-vous !

Biscuits sans cuisson chocolat-riz soufflé

Ce sont de petits gâteaux individuels, sans cuisson, que l'on réalise en mélangeant des céréales Rice Krispies avec du chocolat, du beurre et des Mars fondus. En refroidissant, cette préparation forme de petits gâteaux croustillants. Pour plus de gourmandise, on les trempe dans le chocolat fondu et on dispose des morceaux de Mars sur le dessus. Mes enfants raffolent de ce dessert chocolaté facile à faire !

Préparation : **10 min**
Repos : **15 min**
Pour 12 biscuits

INGRÉDIENTS

- 5 Mars de 45 g
- 50 g de beurre
- 90 g de Rice Krispies
- 100 g de chocolat au lait

Dans une grande casserole, faites fondre le beurre et 4 Mars coupés en morceaux en remuant. Quand le mélange est fondu et homogène, ajoutez les céréales et mélangez délicatement.

Versez ce mélange dans des empreintes en silicone de la forme que vous souhaitez. Tassez bien pour bien remplir les cavités et laissez durcir à température ambiante une quinzaine de minutes.

Faites fondre le chocolat au bain-marie. Quand il est fondu, démoulez vos gâteaux sans cuisson et trempez-les dans le chocolat fondu. Avant que le chocolat ne fige, pour décorer, coupez le dernier Mars en petits morceaux et placez-en un sur chaque gâteau.

Cake en bocal
au pamplemousse rose

Le cake en bocal est l'allié de toutes vos escapades !

Préparation : **20 min**
Cuisson : **30 min**
Pour 6 personnes

INGRÉDIENTS

- 3 œufs
- 150 g de sucre en poudre
- 150 g de beurre
- 90 g de farine
- 2 g de levure chimique
- 60 g de poudre de noisette
- 1 pamplemousse rose

Stérilisez 3 pots à confitures de 385 ml.

Préchauffez le four à 180 °C (th. 6) chaleur tournante.

Fouettez les œufs avec le sucre en poudre jusqu'à ce que le mélange double de volume et blanchisse. Ajoutez la farine, la poudre de noisette et la levure chimique, puis mélangez délicatement. Ajoutez le beurre fondu et mélangez à nouveau.

Pelez le pamplemousse à vif et dégagez les suprêmes avec un couteau d'office.

Graissez légèrement l'intérieur des pots. Répartissez les suprêmes de pamplemousse dans les bocaux et recouvrez avec la pâte à cake.

Enfournez pour 35 min. Refermez les pots après refroidissement.

Chouquettes

Grand classique du petit-déjeuner et du goûter, voici la recette de mes chouquettes maison. Un pur délice ! Des petits choux croustillants en surface et moelleux à l'intérieur, parsemés de sucre en grains, je vous mets au défi d'y résister.

Préparation : **20 min**
Cuisson : **20 min**
Pour 40 chouquettes

INGRÉDIENTS

- 50 g de lait
- 50 g d'eau
- 2 g de sel
- 3 g de sucre en poudre
- 40 g de beurre
- 60 g de farine
- 2 œufs
- Sucre en grains

Dans une casserole, faites bouillir le mélange eau, lait, beurre, sel et sucre en poudre. Retirez la casserole du feu et versez la farine en une fois. Remuez avec une cuillère en bois jusqu'à ce qu'une boule se forme. Il n'est pas utile de remettre la pâte sur le feu pour la dessécher, la petite quantité de pâte ne le justifie pas.

Versez la boule de pâte dans le bol du robot et mélangez-la avec la feuille pour la faire tiédir.

Préchauffez le four chaleur statique (surtout pas de chaleur tournante) en sélectionnant les deux zones de chauffe (haut et bas) à 230 °C (th. 7-8).

Cassez les œufs dans un bol et battez-les en omelette. En laissant le robot tourner, versez les œufs petit à petit, en filet, attendez bien qu'ils soient incorporés avant d'en rajouter. La pâte à choux est prête lorsque sa consistance est souple. Si vous tracez un sillon dans la pâte avec une maryse, il doit se refermer doucement.

Versez la pâte dans une poche à douille munie d'une douille lisse. Pochez vos choux sur une plaque en métal perforée recouverte d'une feuille de papier sulfurisé en veillant à les espacer pour qu'ils se développent sans se toucher. Pour pocher les choux, placer la douille à 1/2 centimètre au-dessus de la plaque, appuyez légèrement sur la poche, sans bouger votre main. Quand vous avez obtenu la taille désirée, arrêtez d'appuyer sur la poche avant de lever votre main, dès que la pâte ne coule plus faites un petit mouvement circulaire pour lisser la surface du chou et levez la poche à douille. Saupoudrez du sucre en grains sur les choux.

Enfournez les choux et éteignez le four. Laissez-les 10 min dans le four éteint, puis rallumez-le, toujours en chaleur statique à 165 °C (th. 5-6). Laissez cuire les choux environ 15 min selon leur taille. N'ouvrez la porte du four sous aucun prétexte avant la fin de la cuisson. Quand les choux sont cuits, sortez-les du four et laissez-les refroidir sur une grille.

Chouquettes moelleuses
au chocolat

Pour varier vos goûters et vos petits-déjeuners, je vous propose de faire des chouquettes au chocolat. Pour cela, il suffit de préparer une pâte à choux au cacao et de pocher des choux sur lesquels on saupoudre du sucre en grains.

Préparation : **20 min**
Cuisson : **30 min**
Pour 30 chouquettes

INGRÉDIENTS

- 125 ml de lait
- 125 ml d'eau (minérale de préférence)
- 2 g de sel
- 3 g de sucre en poudre
- 75 g de beurre coupé en morceaux
- 125 g de farine
- 25 g de cacao en poudre non sucré
- 4 œufs
- Sucre en grains

Dans une casserole, faites chauffer le mélange eau, lait, beurre, sel et sucre en poudre sur feu doux pour que le beurre fonde avant que le mélange ne soit à ébullition.

Retirez la casserole du feu et versez le mélange farine et cacao tamisé en une fois. Remuez avec une cuillère en bois jusqu'à ce qu'une boule se forme.

Remettez la casserole sur feu doux et mélangez sans discontinuer pour dessécher la panade.
Un film doit apparaître au fond de la casserole.

Versez la boule de pâte dans le bol du robot et mélangez-la avec le fouet plat pour la faire tiédir.

Préchauffez le four chaleur statique (surtout pas de chaleur tournante) en sélectionnant les deux zones de chauffe (haut et bas) à 180 °C (th. 6).

Cassez les œufs dans un bol et battez-les en omelette. En laissant le robot tourner, versez les œufs petit à petit, en filet, attendez bien qu'ils soient incorporés avant d'en rajouter. La pâte à choux est prête lorsque sa consistance est souple : si vous tracez un sillon dans la pâte avec une maryse, il doit se refermer doucement.

Versez la pâte dans une poche à douille munie d'une douille lisse de 10 mm. Sur une plaque en métal perforée recouverte d'une feuille de papier sulfurisé ou d'un tapis de cuisson, pochez vos choux en veillant à les espacer pour qu'ils se développent sans se toucher.

Pour pocher les choux, placer la douille à 1/2 centimètre au-dessus de la plaque, appuyez légèrement sur la poche sans bouger votre main, quand vous avez obtenu la taille désirée, arrêtez d'appuyer sur la poche avant de lever votre main. Dès que la pâte ne coule plus faites un petit mouvement circulaire pour lisser la surface du chou et levez la poche à douille. Saupoudrez du sucre en grains sur les choux.

Enfournez les chouquettes pour 30 min de cuisson (la durée de cuisson varie selon la taille de vos chouquettes, de la matière sur laquelle vous les avez pochées et de la puissance de votre four). N'ouvrez la porte du four sous aucun prétexte avant la fin de la cuisson. Quand les choux sont cuits, sortez-les du four et laissez-les refroidir sur une grille.

Gaufres liégeoises

La gaufre de Liège, comme son nom l'indique, nous vient de Liège en Belgique. Elle est généralement ronde, croustillante à l'extérieur et moelleuse à l'intérieur et sa surface est caramélisée grâce aux grains de sucre que l'on ajoute dans la pâte.

Préparation : **30 min**
Cuisson : **5 min**
Repos : **3 h**
Pour 12 gaufres

INGRÉDIENTS

- 310 g de farine
- 60 g de sucre roux
- 1 pincée de fleur de sel
- 125 ml de lait
- 12 g de levure fraîche de boulanger
- 60 g d'œufs entiers (sans la coquille)
- 200 g de beurre à température ambiante
- 130 g de sucre en grains

Faites tiédir le lait, ajoutez la levure et mélangez. Cassez les œufs dans un bol, battez-les à la fourchette et prélevez-en 60 g.

Dans la cuve du robot muni du crochet, versez les poudres (farine, sucre, fleur de sel). Versez le lait et la levure puis les œufs et le beurre. Pétrissez à vitesse moyenne pendant 10 min. La pâte doit être lisse, homogène et élastique. Couvrez la pâte d'un torchon propre et laissez-la lever 30 min.

Versez le sucre en grains et mélangez au crochet pour qu'il se répartisse bien dans la pâte. Placez le bol du robot au réfrigérateur pendant 2 h.

Sortez la pâte du réfrigérateur et étalez-la au rouleau, sur 1 cm d'épaisseur entre deux feuilles de papier sulfurisé. Laissez reposer 30 min au réfrigérateur.

Découpez des disques de pâte avec un cercle à tartelettes ou un verre. Laissez lever les gaufres à température ambiante jusqu'à ce qu'elles doublent de volume (la durée peut varier en fonction de la température de votre cuisine).

Posez les gaufres sur la grille d'un gaufrier bien chaud et laissez cuire jusqu'à ce qu'elles aient une jolie couleur caramélisée.

Granola

Le granola ? Mais qu'est-ce que c'est ? Il s'agit en fait d'un muesli maison à base de céréales et de fruits secs. Un concentré d'énergie pour vos petits-déjeuners ou vos encas gourmands. Vous pouvez faire votre granola avec les céréales et les fruits secs de votre choix. Pour cette recette, j'ai choisi les flocons d'avoine, les amandes, les noix de pécan et les pignons de pin. Vous pouvez suivre la recette à la lettre ou l'adapter au gré de vos envies.

Préparation : **15 min**
Cuisson : **45 min**
Pour 1 pot

INGRÉDIENTS

- 150 g de flocons d'avoine
- 50 g de pignons de pin
- 40 g d'amandes
- 40 g de noix de pécan
- 20 g d'huile de pépins de raisin
- 65 g de golden syrup

Concassez grossièrement les amandes, les noix de pécan et les pignons de pin.

Versez tous les ingrédients dans un cul de poule et mélangez. Le mieux étant de mélanger à la main pour bien enrober les céréales et les fruits secs avec les liquides.

Préchauffez le four à 140 °C (th. 4-5). Posez une feuille de papier sulfurisé sur une plaque en métal perforée. Étalez le granola sur le papier sulfurisé et enfournez pour 45 min. Ouvrez régulièrement la porte du four pour mélanger le granola afin que la cuisson soit uniforme.

À la sortie du four, laissez refroidir à température ambiante. Versez ensuite votre granola dans un pot fermé hermétiquement.

Note : *Vous pouvez manger votre granola avec vos yaourts et, pour plus de gourmandise, vous pouvez y ajouter des fruits frais ou des pépites de chocolat. J'ai utilisé du golden syrup mais vous pouvez le remplacer par du sirop d'érable, du miel ou du sirop d'agave, faites selon vos goûts. Si vous n'avez pas d'huile de pépins de raisin, vous pouvez utiliser une huile neutre (arachide) ou de l'huile de noix, de noisette, etc.*

Lunettes de Romans

Le biscuit à la fraise auquel on ne résiste pas !

PRÉPARATION : **20 MIN**
CUISSON : **30 MIN**
POUR 5 PERSONNES

INGRÉDIENTS

- 100 g de beurre pommade
- 80 g de sucre glace
- 1 œuf
- 200 g de farine
- confiture de fraise

Préchauffez le four à 180 °C (th. 6) chaleur tournante.

Crémez le beurre pommade avec le sucre glace. Ajoutez l'œuf et mélangez vivement. Ajoutez la farine et mélangez jusqu'à ce que la pâte forme une boule.

Étalez la pâte au rouleau sur 3 mm d'épaisseur environ et découpez vos biscuits. Avec un petit emporte-pièce rond, percez deux trous dans un biscuit sur deux.

Faites cuire les biscuits 30 min, ils doivent être bien dorés. Après refroidissement, étalez de la confiture de fraise sur un biscuit plein et recouvrez-la avec un biscuit percé.

Meringues

Ma recette pour faire des grosses meringues comme celles dans la vitrine du boulanger.

Préparation : **20 min**
Cuisson : **3 h**
Pour 6 meringues

INGRÉDIENTS

- 200 g de blancs d'œuf
- 400 g de sucre en poudre
- Amandes effilées (facultatif)

Préchauffez le four à 100 °C (th. 3-4).

Montez les blancs en neige ferme en leur ajoutant progressivement le sucre en poudre.

Versez la meringue française dans une grande poche à douille munie de la douille de votre choix.

Pochez les grosses meringues sur une plaque à pâtisserie recouverte de papier sulfurisé.

Saupoudrez éventuellement quelques amandes effilées et enfournez pour 3 h de cuisson minimum.

Palmiers

Pour obtenir de jolis palmiers maison bien développés, vous n'y couperez pas, il faut faire sa pâte feuilletée soi-même. Mais pas de panique, avec les bons ingrédients et un peu de méthode il n'y a rien d'insurmontable.

Préparation : **4 h**
Cuisson : **30 min**
Repos : **45 min**
Pour 8 palmiers

INGRÉDIENTS

- 125 g de farine T45
- 125 g de farine T55
- 5 g de sel
- 125 ml d'eau (minérale de préférence)
- 175 g de beurre sec (82 % de MG minimum)
- Sucre en poudre

Préparez la pâte feuilletée : dans le bol du robot, versez les farines, le sel et l'eau minérale. Pétrissez la pâte avec le crochet jusqu'à ce qu'elle forme une boule homogène. Si vous peinez à obtenir une boule, rajoutez un tout petit peu d'eau pour obtenir la consistance souhaitée. Décuvez la pâte, filmez-la au contact en l'aplatissant un peu et réservez au réfrigérateur.

Pesez le beurre et posez-le entre deux feuilles de papier cuisson. Avec un rouleau, tapez le beurre jusqu'à obtenir une texture souple qui vous permette de le modeler. Formez une enveloppe carrée de 20 cm de côté dans du papier sulfurisé et placez le beurre dedans.

Étalez le beurre au rouleau pour qu'il épouse la forme du carré de papier sulfurisé.

Sortez la détrempe du réfrigérateur, fleurez légèrement le plan de travail avec de la farine et étalez la détrempe sur un rectangle de 40 cm de hauteur et 20 cm de largeur. Placez le carré de beurre au milieu de la détrempe et repliez-la pour envelopper le beurre sans que la pâte se chevauche. Étalez le rectangle obtenu en fleurant légèrement le plan de travail, en une bande de pâte de 60 cm de haut sur 20 cm de large. Procédez à un tour simple en pensant à bien enlever l'excédent de farine avec une brosse spéciale. Tournez le pâton d'un quart de tour, étalez la pâte et faites un autre tour simple. Réservez 30 min au réfrigérateur.

Récupérez le pâton et faites un troisième tour simple. Nettoyez bien le plan de travail et saupoudrez-le de sucre en poudre. Procédez au quatrième tour simple. Filmez la pâte au contact et réservez au réfrigérateur 15 min.

Procédez aux deux derniers tours simples sur votre plan de travail recouvert de sucre en poudre.

Versez du sucre en poudre dans une assiette. Étalez la pâte feuilletée en une bande de 50 x 20 cm environ. Pliez la bande de pâte en deux et dépliez-la. Remontez les deux extrémités vers le milieu en laissant un espace de 1 cm environ. Repliez le pâton en deux.

Avec un couteau bien aiguisé, découpez des tranches de pâte feuilletée de 1 cm d'épaisseur. Ne cisaillez pas la pâte, coupez en appuyant sur le couteau sans faire d'aller-retour pour ne pas déchirer la pâte feuilletée.

Roulez les palmiers dans le sucre en poudre et posez-les à plat sur la plaque de cuisson recouverte de papier sulfurisé. Séparez-les bien. Écartez un peu le haut des palmiers pour qu'ils se développent harmonieusement.

Réservez les plaques au réfrigérateur et préchauffez le four à 200 °C (th. 6-7). Enfournez la plaque de palmiers dans le four chaud pour 30 min de cuisson.

Madeleines

Préparation : **20 min**
Cuisson : **10 min**
Repos : **2 h**
Pour 30 madeleines

INGRÉDIENTS

- 2 œufs
- 120 g de sucre
- 15 g de miel
- 150 g de farine
- 5 g de levure chimique
- 150 g de beurre fondu

Mélangez les œufs et le sucre. Ajoutez le miel et mélangez. Versez la farine tamisée puis ajoutez la levure chimique. Mélangez à nouveau. Ajoutez enfin le beurre fondu et mélangez pour obtenir un appareil lisse et homogène. Filmez au contact puis réservez au réfrigérateur au minimum 2 h. L'idéal est de la réaliser la veille et de la laisser toute une nuit au froid.

Lorsque votre pâte est bien froide, préchauffez votre four à 200 °C (th. 6-7) chaleur tournante avec une plaque de cuisson à l'intérieur.

Beurrez et farinez le moule à madeleines. Mettez la pâte dans une poche à douille ou utilisez une petite cuillère et remplissez les cavités de votre moule à madeleines aux 3/4.

Enfournez le moule sur la plaque chaude dans votre four pour 4 min puis baissez la température à 180 °C (th. 6), laissez cuire encore 6 min environ. Attention le temps de cuisson varie en fonction de votre four. Pour vérifier la cuisson, plantez un couteau au centre de la bosse d'une madeleine. Il doit sortir sec et propre.

Madeleines au chocolat

Voilà une petite recette facile qui pourrait sauver bien des petits-déjeuners et goûters ! La recette des madeleines bien moelleuses, au bon goût de chocolat.

Préparation : **15 min**
Cuisson : **10 min**
Repos : **15 min**
Pour 16 madeleines

INGRÉDIENTS

- 140 g de beurre doux
- 2 œufs
- 90 g de sucre en poudre
- 1 c. à c. d'extrait de vanille liquide
- 2 c. à s. de miel ou de golden syrup
- 140 g de farine T45
- 20 g de cacao en poudre non sucré
- 5 g de levure chimique ou 1/2 sachet

Dans une casserole, faites chauffer le beurre à feu moyen jusqu'à ce qu'il ait une couleur noisette. En chauffant le beurre va « chanter », dès qu'il s'arrête il faut le retirer. Filtrez le beurre dans un chinois pour éliminer les impuretés et réservez à température ambiante.

Dans un cul de poule, fouettez les œufs avec le sucre en poudre, la vanille liquide et le miel. Un fouet à main suffira, il s'agit là surtout de bien mélanger les ingrédients. Ajoutez ensuite la farine, le cacao en poudre et la levure chimique et mélangez bien, toujours au fouet, pour obtenir un appareil lisse et homogène. Ajoutez enfin le beurre noisette et mélangez à nouveau.

Versez l'appareil à madeleines au chocolat dans une poche sans douille et réservez 15 min au réfrigérateur.

Préchauffez le four à 210 °C (th. 7) chaleur tournante et graissez légèrement les cavités de votre plaque à madeleines. Pochez l'appareil à madeleines dans les cavités en veillant à ne pas trop les remplir. La pâte doit être bien froide et donc assez ferme.

Enfournez les madeleines au chocolat pour 10 min de cuisson en posant le moule directement sur la grille du four. À la sortie du four, démoulez immédiatement les madeleines au chocolat et laissez-les refroidir sur une grille à température ambiante.

Madeleines caramel fourrées caramel beurre salé

Je ne vais sûrement pas vous apprendre que pour réussir les madeleines et pour qu'elles développent la jolie petite bosse à la cuisson, le secret c'est le choc thermique. Pour cela, je vous conseille d'anticiper votre envie de madeleines au caramel pour laisser la pâte reposer au réfrigérateur pendant une nuit. La pâte très froide enfournée dans le four très chaud vous garantira de jolies madeleines bien bossues. Un moule en métal donnera également de meilleurs résultats qu'un moule en silicone.

Préparation : **30 min**
Cuisson : **6 min**
Repos : **12 h**
Pour 20 madeleines

INGRÉDIENTS

- 45 g de sucre en poudre
- 45 g de crème liquide entière minimum 30 % MG
- 120 g de beurre demi-sel
- 100 g d'œuf (pesé sans la coquille)
- 65 g de sucre en poudre
- 5 g de sucre inverti, de glucose ou de miel d'acacia
- 10 g de pâte de caramel
- 100 g de farine T55
- 4 g de levure chimique

Pour le caramel beurre salé de fourrage
- 100 g de sucre en poudre
- 100 g de crème liquide entière minimum 30 % de MG
- 25 g de beurre demi-sel

Préparez l'appareil à madeleines : faites un caramel à sec avec le sucre en poudre. Parallèlement, faites chauffer la crème liquide. Lorsque le caramel à sec est bien ambré et qu'il commence à fumer, ajoutez la crème liquide chaude en faisant attention aux projections et au débordement. Remuez le caramel avec une spatule pour qu'il soit homogène. Ajoutez enfin 20 g de beurre demi-sel et remuez vivement pour le faire fondre. Réservez hors du feu.

Faites fondre les 100 g de beurre restants au micro-ondes ou au bain-marie, réservez.

Dans un cul de poule, fouettez les œufs et le sucre en poudre. Versez le caramel beurre salé dans les œufs et mélangez. Ajoutez le beurre fondu et mélangez vivement. Ajoutez ensuite le sucre inverti et la pâte de caramel puis mélangez à nouveau. Ajoutez enfin la farine tamisée et la levure chimique et mélangez pour obtenir un appareil à madeleines lisse et homogène.

Mettez l'appareil à madeleines dans une poche sans douille, fermez-la et réservez au réfrigérateur jusqu'au lendemain.

Préparez le caramel beurre salé pour garnir les madeleines : faites un caramel à sec avec le sucre en poudre. Parallèlement, faites chauffer la crème liquide puis versez-la dans le caramel ambré en faisant attention aux projections. Mélangez vivement le caramel avec une spatule en le remettant sur le feu si vous avez besoin de faire fondre des morceaux. Ajoutez le beurre demi-sel et mélangez vivement. Versez le caramel beurre salé dans un récipient propre et réservez-le à température ambiante.

Le lendemain, préchauffez le four à 180 °C (th. 6) chaleur tournante. Graissez légèrement les empreintes de votre moule à madeleines. Coupez l'extrémité de la poche à douille et garnissez chaque empreinte du moule avec de la pâte à madeleine. Ne les remplissez pas trop. Remettez la poche à douille au réfrigérateur. Enfournez les madeleines au caramel pour 6 min de cuisson.

Pendant la cuisson des madeleines, versez le caramel beurre salé dans une poche à douille munie d'une douille cannelée qui servira à percer les madeleines.

À la sortie du four, démoulez les madeleines sur une grille et garnissez-les immédiatement de caramel beurre salé en plantant la douille sous chaque madeleine et en pressant sur la poche. Renouvelez jusqu'à épuisement des ingrédients.

Note : *Si vous n'avez pas de beurre demi-sel, utilisez du beurre doux et ajoutez 2 g de fleur de sel.*

Pop tartes
mangue passion

Avez-vous déjà fait des pop tartes ? À mi-chemin entre une tarte et un biscuit, ce dessert se compose d'une pâte cuite que l'on garnit de confiture. Traditionnellement les pop tartes, ou pop tarts, sont plutôt de forme rectangulaire et recouvertes de glace royale, les desserts américains n'étant pas connus pour être les plus lights. C'est la recette qu'il vous faut pour utiliser des restes de pâte à tarte et en faire un dessert gourmand.

Préparation : **30 min**
Cuisson : **15 min**
Repos : **30 min**
Pour 6 pop tartes

INGRÉDIENTS

- 100 g de beurre pommade
- 80 g de sucre glace
- 3 g de sel fin
- 1 œuf
- 200 g de farine
- confiture mangue passion ou tout autre parfum

Dans le bol du robot ou dans un cul de poule, mélangez vivement le beurre pommade, le sucre glace et le sel pour obtenir un mélange crémeux et homogène. Ajoutez l'œuf et fouettez vivement pour l'incorporer. Ajoutez la farine tamisée et mélangez juste assez pour obtenir une boule de pâte. Filmez la pâte au contact et réservez 30 min au réfrigérateur.

Préchauffez le four à 180 °C (th. 6) chaleur tournante et recouvrez une plaque à pâtisserie de papier sulfurisé.

Étalez la pâte sucrée entre deux feuilles de papier sulfurisé sur 3 mm d'épaisseur environ. Découpez des formes rondes ou rectangulaires à l'emporte-pièce, en prenant soin de découper deux tailles différentes.

Posez les plus petites formes sur la plaque de cuisson et versez une cuillère à café de confiture au milieu. Recouvrez la confiture avec les formes les plus grandes en prenant soin auparavant de découper un cœur ou tout autre symbole si vous le souhaitez.

Enfournez les pop tartes pour 15 min de cuisson, elles doivent être bien dorées.
La durée de cuisson peut varier selon la puissance du four. À la sortie du four, laissez les pop tartes refroidir à température ambiante.

Rochers coco

Cette recette est simple : 3 ingrédients suffisent, elle est rapide et délicieuse et aussi sans gluten. Une version encore plus gourmande est possible : faites fondre un peu de chocolat noir ou au lait, ajoutez un peu de beurre, et trempez la base des biscuits dans ce mélange.

Préparation : **5 min**
Cuisson : **12 min**
Pour 12 biscuits

INGRÉDIENTS

- 1 oeuf
- 90 g de sucre en poudre
- 125 g de noix de coco râpée

Préchauffez le four à 180 °C (th. 6) et recouvrez la plaque du four d'une feuille de papier sulfurisé.

Dans un cul de poule, battez l'œuf avec le sucre en poudre sans chercher à faire blanchir le mélange. Ajoutez la noix de coco râpée et mélangez bien.

Avec les mains, formez des boules de pâte de taille similaire et posez-les sur le papier sulfurisé. Appuyez légèrement sur les côtés de vos rochers coco pour leur donner la forme de pyramides.

Enfournez pour 12 min de cuisson. Les rochers coco sont cuits lorsqu'ils sont dorés et que leur pointe est colorée. À la sortie du four, faites glisser la feuille de papier sulfurisé sur une grille pour les laisser refroidir à température ambiante. Ne touchez pas les rochers coco tant qu'ils ne sont pas complètement refroidis, ils sont fragiles et vous risqueriez de les casser.

Roses des sables chocolat-noix de coco

Qui ne connaît pas les roses des sables en chocolat ? Avec le gâteau au yaourt et les truffes en chocolat, je crois que c'est l'une des recettes les plus réalisées par les enfants. Il faut dire que ces biscuits au chocolat et aux céréales, sans cuisson, sont on ne peut plus simples et rapides à faire !

Préparation : **5 min**
Repos : **1 h**
Pour 10 pièces

INGRÉDIENTS

- 150 g de chocolat au lait
- 100 g de beurre
- 100 g de corn flakes
- 3 c. à s. de noix de coco râpée

Au bain-marie ou au micro-ondes, faites fondre le chocolat au lait avec le beurre. Mélangez bien. Ajoutez les céréales puis la noix de coco râpée et mélangez à nouveau.

Sur une plaque recouverte de papier sulfurisé, faites des petits tas de la préparation précédente avec une cuillère à soupe.

Réservez au réfrigérateur 1 h avant de déguster.

Tartelettes bounty

Les tartelettes bounty se composent de fonds de tartelettes en pâte sucrée garnies de noix de coco et recouvertes d'une ganache au chocolat au lait. Un petit concentré de gourmandise en somme.

Préparation : **20 min**
Cuisson : **15 min**
Repos : **30 min**
Pour 16 mini-tartelettes

INGRÉDIENTS

- 1 pâte sucrée (recette p. 28)
- 50 g de lait concentré sucré
- 25 g de noix de coco râpée
- 80 g de chocolat au lait
- 10 ml d'huile de pépins de raisins

Préchauffez le four à 170 °C (th. 5-6) chaleur tournante.

Divisez votre pâte sucrée en autant de boules que de cavités de votre moule à tartelettes (format petits fours). Avec le pouce, ou un poussoir à tartelette, appuyez sur chaque boule de pâte pour qu'elle épouse les contours de la cavité. Piquez les fonds de tartelettes à la fourchette et enfournez pour 15 min de cuisson. Ne démoulez pas les tartelettes à la sortie du four.

Dans un bol, mélangez le lait concentré sucré et la noix de coco râpée et garnissez les fonds de tartelettes avec ce mélange. Attention à laisser de la place pour la ganache au chocolat au lait.

Faites fondre le chocolat au lait avec l'huile neutre et mélangez bien.

Coulez la ganache au chocolat au lait sur les mini-tartelettes et laissez-les cristalliser à température ambiante ou au réfrigérateur avant de les démouler et de les déguster.

Sablés viennois
au chocolat

Préparation : **15 min**
Cuisson : **15 min**
Pour 10 biscuits

INGRÉDIENTS

- 125 g de beurre pommade
- 50 g de sucre glace
- 1 pincée de sel
- 1 blanc d'œuf à température ambiante
- 130 g de farine
- 15 g de cacao en poudre non sucré type Van Houten

Préparez la pâte à sablés viennois au chocolat : dans un cul de poule, crémez le beurre pommade à la spatule pour qu'il soit bien mou. Ajoutez le sucre glace et la pincée de sel puis mélangez à la spatule. Ajoutez le blanc d'œuf et mélangez à nouveau. Surtout, ne fouettez pas la pâte pour ne pas incorporer trop d'air. Tamisez la farine et le cacao et versez-les dans le mélange précédent puis incorporez le tout à la spatule.

Préchauffez le four à 180 °C (th. 6) et placez une feuille de papier sulfurisé sur la plaque du four.

Versez la pâte à sablés viennois dans une poche à douille munie d'une douille cannelée de 9 mm de diamètre. Pochez les sablés viennois, en les espaçant bien, sur le papier sulfurisé en formant des W.

Enfournez les sablés au chocolat pour 15 min de cuisson. À la sortie du four, laissez les biscuits refroidir à température ambiante avant de les manipuler pour ne pas les casser.

Sprits

Si vous aimez les sablés viennois et que vous ne connaissez pas la recette des sprits, c'est le moment ou jamais de vous lancer !

Préparation : **15 min**
Cuisson : **15 min**
Pour 10 sprits

INGRÉDIENTS

- 190 g de beurre pommade
- 70 g de sucre glace
- 30 g de blanc d'oeuf
- 1 pincée de fleur de sel
- 1 gousse de vanille
- 200 g de farine
- 120 g de chocolat au lait

Préchauffez le four à 180 °C (th. 6) en chaleur tournante. Préparez une plaque en métal perforé recouverte d'une feuille de papier sulfurisé et une poche à douille munie d'une douille dentelée de 18 mm.

Dans le bol du robot, mélangez à la feuille le beurre pommade pour qu'il soit bien crémeux et homogène. Versez ensuite le sucre glace et mélangez à nouveau. Ajoutez le blanc d'œuf, mélangez encore.

Dégagez le bol du robot de son socle et versez la farine et les graines de la gousse de vanille fendue et grattée. Mélangez la pâte à la maryse jusqu'à ce qu'elle soit homogène. Versez la pâte dans la poche à douille et pochez vos biscuits en forme de W sur la plaque.

Enfournez pour 15 min. À la sortie du four, laissez refroidir à température ambiante.

Faites fondre le chocolat au bain-marie ou au micro-ondes sans trop le chauffer. Il ne doit pas dépasser les 30 °C. Mélangez-le énergiquement pour faire fondre les petits bouts de chocolat. Trempez la moitié des sprits dans le chocolat et posez-les sur le papier sulfurisé. Laissez le chocolat durcir à température ambiante.

Biscuits araignées

J'ai la recette qu'il vous faut pour fêter Halloween dignement : des biscuits araignées qui seront prêts à terrifier tous les enfants du quartier en moins de 30 min. Pour cette recette rapide et facile, j'ai remplacé le beurre par de la pâte d'arachide que vous trouverez facilement dans votre supermarché au rayon cuisine du monde. Si vous n'aimez pas la pâte d'arachide, vous pouvez la remplacer par de la purée d'amande par exemple ou de la pâte de noisette.

Préparation : **10 min**
Cuisson : **15 min**
Pour 6 biscuits

INGRÉDIENTS

- 1 œuf
- 35 g de cassonade
- 80 g de pâte d'arachide
- 50 g de farine avec levure incorporée

Pour la décoration
- 6 Maltesers
- 20 g de chocolat au lait
- 1 c. à c. de sucre glace
- 1 goutte d'eau

Préchauffez le four à 170 °C (th. 5-6) chaleur tournante et recouvrez une plaque à pâtisserie de papier sulfurisé.

Dans un cul de poule, fouettez l'œuf avec la cassonade. Ajoutez la pâte d'arachide et fouettez à nouveau.

Versez la farine sur le mélange précédent et mélangez vivement pour obtenir une pâte homogène. Avec les mains, formez 6 boules de 30 g environ et posez-les sur la plaque en les espaçant bien.

Enfournez les biscuits pour 15 min. À la sortie du four, appuyez légèrement au centre de chaque biscuit avec une cuillère parisienne ou votre pouce pour créer un creux. Posez immédiatement les Maltesers dans ces creux : avec la chaleur du biscuit, le chocolat va fondre en surface et le bonbon va se coller en refroidissant.

Faites fondre le chocolat au lait au micro-ondes, à puissance moyenne pendant 20 secondes. Mélangez-le vivement pour faire fondre les petits morceaux résiduels et mettez-le en poche. Coupez très finement l'extrémité de la poche à douille et dessinez 8 pattes sur chaque araignée. Dans un petit récipient, mélangez le sucre glace et l'eau puis, avec un cure-dent, faites deux points sur les bonbons pour créer le blanc des yeux. Avec un autre cure-dent, faites un point de chocolat au milieu des ronds de glace royale pour créer l'iris des araignées.

Sablés fourrés
œufs de Pâques

Voici une recette facile pour faire de jolis biscuits sablés en forme d'œufs de Pâques et fourrés d'une ganache au chocolat au lait.

Préparation : **30 min**
Cuisson : **15 min**
Repos : **1 h**
Pour 20 biscuits fourrés

INGRÉDIENTS

- 1 pâte sucrée ou sablée
- 100 g de chocolat au lait de couverture
- 10 g de beurre
- 70 ml de crème liquide entière

Étalez la pâte sucrée au rouleau entre deux feuilles de papier sulfurisé, sur 3 mm d'épaisseur. Avec un emporte-pièce, découpez vos biscuits. Reformez une boule avec les chutes et découpez à nouveau des biscuits jusqu'à épuisement de la pâte.

Placez la feuille de biscuits au réfrigérateur et préchauffez le four à 170 °C (th. 5-6) chaleur tournante. Faites glisser la feuille de cuisson sur une plaque à pâtisserie en métal perforée et enfournez pour 15 min. Les biscuits doivent être bien dorés. À la sortie du four, faites glisser la feuille de cuisson sur une grille et laissez les biscuits refroidir à température ambiante.

Pendant que les biscuits refroidissent, préparez la ganache au chocolat au lait. Au bain-marie ou au micro-ondes, faites fondre le chocolat avec le beurre. Dans une casserole, portez la crème liquide à ébullition.

Versez la crème chaude sur le chocolat et mélangez énergiquement avec une maryse pour créer une émulsion. Filmez au contact et réservez 1 h au réfrigérateur dans un récipient plat.

Lorsque la ganache a une texture tartinable, appliquez-en une couche sur un biscuit et recouvrez-la avec un autre.

Biscuits lapins de Pâques

Si vous cherchez une idée de gourmandises à faire pour Pâques, voici une recette facile de biscuits fourrés à la ganache Dulcey. J'ai choisi de les découper avec un emporte-pièce lapin, mais n'hésitez pas à faire des poules, des œufs ou même juste des biscuits ronds, l'essentiel c'est qu'ils soient bons !

Préparation : **30 min**
Cuisson : **15 min**
Repos : **1 h**
Pour 20 biscuits fourrés

INGRÉDIENTS

- 1 pâte sucrée
- 200 g de chocolat Dulcey
- 10 g de miel d'acacia
- 150 ml de crème liquide entière
- Chocolat noir ou au lait pour la décoration (facultatif)

Étalez la pâte sucrée au rouleau entre deux feuilles de papier sulfurisé, sur 3 mm d'épaisseur. Avec un emporte-pièce, découpez vos biscuits. Reformez une boule avec les chutes et découpez à nouveau des biscuits jusqu'à épuisement de la pâte.

Placez la feuille de biscuits au réfrigérateur et préchauffez le four à 170 °C (th. 5-6) chaleur tournante. Faites glisser la feuille de cuisson sur une plaque à pâtisserie en métal perforée et enfournez pour 15 min. Les biscuits doivent être bien dorés. À la sortie du four, faites glisser la feuille de cuisson sur une grille et laissez les biscuits refroidir à température ambiante.

Pendant que les biscuits refroidissent, préparez la ganache au chocolat Dulcey : au bain-marie ou au micro-ondes, faites fondre le chocolat. Dans une casserole, portez la crème liquide et le miel à ébullition. Versez la crème chaude en trois fois sur le chocolat et mélangez énergiquement avec une maryse pour créer une émulsion. Filmez au contact et réservez 1 h au réfrigérateur.

Lorsque la ganache a une texture tartinable, appliquez-en une couche sur un biscuit et recouvrez-la avec un autre.

Pour la décoration, faites fondre un peu de chocolat noir ou au lait et amusez-vous. Vous pouvez pocher un peu plus de chocolat à certains endroits et le recouvrir de petites paillettes en sucre coloré.

Finest
Ave.Co.Ltd

Gingerbread man

Gingerbread est un mot anglais qui veut dire pain d'épices et qui désigne un grand nombre de recettes sucrées de Noël. On connaît notamment et surtout le Gingerbread man, petit bonhomme de pain d'épices que les amateurs de Shrek appelleront Ti Biscuit.

Préparation : **50 min**
Cuisson : **20 min**
Repos : **30 min**
Pour 20 biscuits

INGRÉDIENTS

- 110 g de beurre pommade
- 110 g de cassonade ou de sucre en poudre
- 40 g de miel ou de golden syrup
- 1 oeuf
- 2 c. à s. de mélange d'épices à pain d'épices
- 250 g de farine
- 30 g de sucre glace
- Eau (minérale de préférence)

Dans le bol du robot, pesez le beurre pommade et la cassonade. Crémez le mélange au fouet jusqu'à ce qu'il soit lisse et homogène. Ajoutez le miel et le mélange d'épices et fouettez à nouveau. Ajoutez l'œuf et fouettez jusqu'à ce qu'il s'incorpore. Enfin, ajoutez la farine en une fois et fouettez juste assez pour que la pâte s'amalgame et forme une boule.

Étalez grossièrement au rouleau la pâte à sablés entre deux feuilles de papier sulfurisé et réservez 30 min au réfrigérateur.

À l'issue de ce temps de pause, abaissez la pâte au rouleau sur 2 mm d'épaisseur, toujours entre les feuilles de papier sulfurisé. Décollez la feuille supérieure et découpez vos biscuits à l'emporte-pièce.

Préchauffez le four à 170 °C (th. 5-6) chaleur tournante. Posez un tapis de cuisson sur une plaque perforée et déplacez délicatement les biscuits.

Enfournez les biscuits pour 20 min de cuisson (le temps de cuisson peut varier selon les fours, surveillez-les). Ils doivent être dorés. À la sortie du four, faites glisser le tapis de cuisson sur une grille et laissez les biscuits refroidir à température ambiante.

Dans un bol, pesez le sucre glace et ajoutez quelques gouttes d'eau. Attention à la quantité d'eau, la glace royale doit avoir la texture du dentifrice. Si elle est trop liquide, rajoutez du sucre glace. Mettez la glace royale en poche et coupez l'extrémité très finement. Décorez vos biscuits pains d'épices.

Nids au chocolat

Ceux-là plairont aux plus grands comme aux plus petits, c'est certain !

Préparation : **10 min**
Cuisson : **10 min**
Pour 30 biscuits

INGRÉDIENTS

- 230 + 90 g de beurre
- 200 g de sucre glace
- 350 g de farine
- 170 g de chocolat noir
- 2 c. à c. de miel

Préchauffez le four à 180 °C (th. 6) en chaleur tournante et recouvrez une plaque à pâtisserie de papier sulfurisé.

Dans le bol du robot, versez les 230 g de beurre pommade, le sucre glace et la farine.
Fouettez jusqu'à ce que la pâte forme une boule.

Avec les mains, formez des petites boules de pâte et posez-les sur la feuille de cuisson, en quinconce.

Enfournez les biscuits dans le four chaud pour 10 min de cuisson environ. La durée de cuisson peut varier selon la puissance du four.

Pendant la cuisson, faites fondre le chocolat noir avec les 90 g de beurre puis ajoutez le miel et mélangez.

À la sortie du four, creusez un trou dans les biscuits puis remplissez-les de ganache au chocolat.

Brownies au chocolat façon Rudolf le renne

Rudolf le renne est un personnage bien connu de la littérature enfantine américaine. À la période de Noël, les Américains utilisent beaucoup ce personnage pour faire des gâteaux. Ces petits brownies au chocolat se conserveront 3 à 4 jours, à température ambiante. Vous pouvez également les préparer à l'avance et les placer au congélateur jusqu'au jour prévu de dégustation.

Préparation : **30 min**
Cuisson : **10 min**
Pour 4 personnes

INGRÉDIENTS

Pour les brownies
- 100 g de chocolat noir
- 80 g de beurre
- 1 pincée de fleur de sel
- 2 œufs
- 30 g de sucre en poudre
- 60 g de poudre d'amande

Pour le décor
- 30 g de chocolat blanc
- Mini-bretzels
- Perles en sucre rouges et vertes

Préparez les brownies : préchauffez le four à 180 °C (th. 6) chaleur tournante et graissez l'intérieur d'un moule en silicone rectangulaire de 16 cm de côté ou une plaque d'empreintes rectangulaires individuelles.

Au bain-marie ou au micro-ondes, faites fondre le chocolat noir avec le beurre et la fleur de sel. Mélangez bien. Ajoutez les œufs et mélangez vivement. Ajoutez ensuite le sucre en poudre et la poudre d'amande, puis mélangez pour obtenir une préparation homogène.
Versez la pâte à brownies dans le moule et enfournez pour 10 min de cuisson. Attention, la durée de cuisson varie selon la taille de votre moule et la puissance de votre four. À la sortie du four, démoulez les brownies sur une grille et laissez-les refroidir à température ambiante.

Pour la décoration des brownies : mettez le chocolat blanc à fondre dans le four éteint puis versez-le dans une poche à douille. Coupez un peu l'extrémité.

Pochez des points de chocolat blanc fondu pour coller les bretzels qui formeront les bois du renne et les perles de sucre qui représenteront les yeux et le nez.

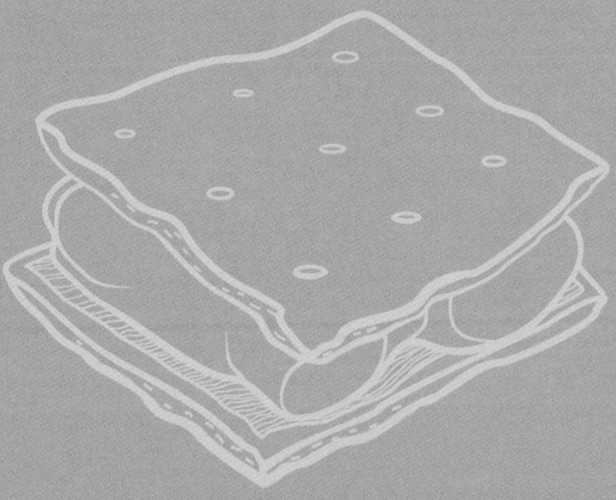

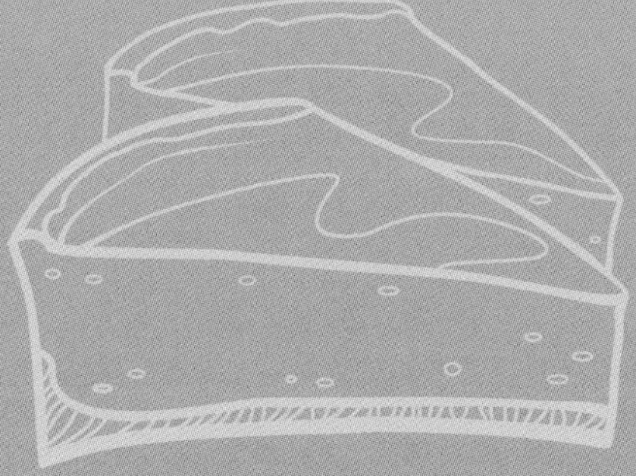

À partager

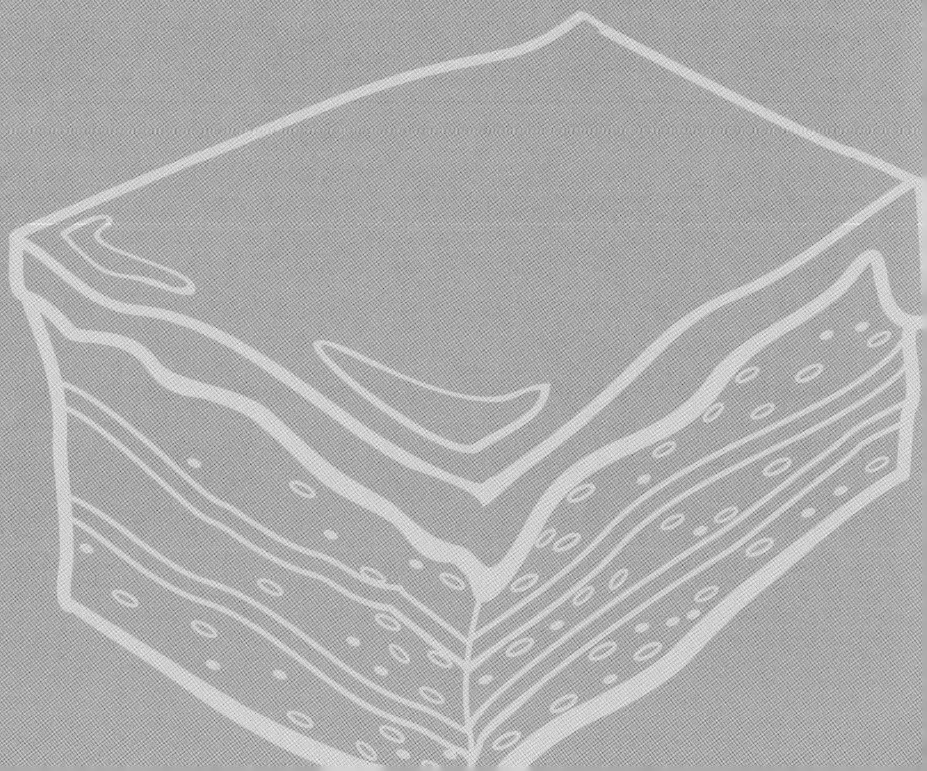

Angel cake

En pâtisserie, il n'est pas rare que l'on utilise uniquement les jaunes d'œufs et que l'on se retrouve par conséquent à la tête d'un joli stock de blancs d'œufs. Si vous ne savez pas quoi en faire et que vous ne voulez ni des meringues ni des macarons, vous allez adorer la recette de cet angel cake ou gâteau des anges.

L'angel cake se prépare sur la base d'une meringue française dans laquelle on incorpore délicatement un mélange de farine, de poudre d'amandes et de sucre glace. La recette de l'angel cake ressemble pour beaucoup à celle de la dacquoise. La principale différence est que le gâteau des anges contient une plus grande quantité de blancs d'œufs, ce qui en fait un gâteau très moelleux.

Préparation : **20 min**
Cuisson : **45 min**
Pour 8 personnes

INGRÉDIENTS

- 240 g de blancs d'œuf
- 120 g de sucre en poudre
- 160 g de farine
- 40 g de poudre d'amande
- 170 g de sucre glace

Montez les blancs en neige en ajoutant progressivement le sucre en poudre pour obtenir une meringue française lisse et ferme. Réservez.

Tamisez ensemble la farine, la poudre d'amandes et le sucre glace. Versez le mélange de poudres sur la meringue française et mélangez très délicatement avec une maryse en raclant bien le fond du bol.

Préchauffez le four à 160 °C (th. 5-6) chaleur tournante et graissez très légèrement un moule à kouglof ou à bundt cake en métal suffisamment grand.

Versez délicatement la pâte dans le moule et enfournez pour 45 min de cuisson. Piquez le gâteau au centre pour vérifier qu'il est cuit à cœur, la durée de cuisson pouvant varier selon les fours. À la sortie du four, retournez le gâteau sur une grille et laissez-le se démouler tout seul. Laissez-le refroidir à température ambiante.

Brookie

Connaissez-vous le brookie ? C'est une recette originale et un gâteau très gourmand que vous aurez plaisir à déguster en dessert ou au goûter ! Le brookie est un gâteau qui combine le moelleux du brownie et le croquant du cookie. À la maison, nous n'y résistons pas et c'est une recette que je fais très régulièrement.

Préparation : **30 min**
Cuisson : **40 min**
Pour 8 personnes

INGRÉDIENTS

Pour la pâte à cookies
- 1 œuf
- 75 g de sucre en poudre
- 100 g de cassonade
- 100 g de beurre
- 225 g de farine
- 1 gousse de vanille
- 1 pincée de fleur de sel
- 1 c. à c. de levure chimique
- 50 g de pépites de chocolat noir ou au lait

Pour le brownie
- 400 g de chocolat noir (dont la moitié en pépites)
- 120 g de beurre
- 100 g de cassonade
- 3 œufs
- 90 g de farine
- 125 g de noix de pécan

Préparez la pâte à cookies : fouettez ensemble l'œuf et les sucres jusqu'à ce que le mélange blanchisse. Dans un autre récipient, faites fondre le beurre. Mélangez ensemble la farine, les graines de la gousse de vanille, le sel et la levure. Ajoutez alternativement ce mélange et le beurre au mélange œuf + sucres jusqu'à ce que le tout soit bien homogène. Incorporez les pépites de chocolat. Placez au réfrigérateur le temps de préparer la pâte à brownie.

Préchauffez le four à 180 °C (th. 6) chaleur tournante et graissez l'intérieur d'un moule à manqué.

Faites fondre 200 g de chocolat avec le beurre au bain-marie.

Pendant ce temps, battez le sucre avec les œufs jusqu'à obtenir un mélange mousseux. Versez le chocolat fondu dans les œufs et mélangez. Incorporez la farine. Hachez grossièrement le chocolat restant et les noix de pécan et ajoutez-les à la pâte. Mélangez.

Versez la pâte à brownie dans le moule. Sortez la pâte à cookie du réfrigérateur et émiettez-la sur le brownie.

Enfournez le brookie pour 40 min de cuisson. À la sortie du four, laissez tiédir le brookie à température ambiante avant de le démouler délicatement.

Brownie

Chocolat, noix de pécan, ganache chocolat noir et ganache montée chocolat au lait, la recette parfaite d'un brownie chocolat pécan réussi.

Préparation : **1 h**
Cuisson : **30 min**
Repos : **3 h**
Pour 6 personnes

INGRÉDIENTS

Pour la ganache au chocolat noir
- 100 g de chocolat noir
- 120 g de crème liquide entière
- 20 g de miel d'acacia

Pour la ganache montée au chocolat au lait
- 100 g de chocolat au lait de couverture
- 200 g de crème liquide entière

Pour le brownie chocolat noix de pécan
- 90 g de chocolat noir à 72 % de cacao
- 170 g de beurre
- 115 g de cassonade
- 3 œufs
- 40 g de farine T55
- 10 g de cacao en poudre non sucré
- 75 g de cerneaux de noix de pécan

Préparez la ganache au chocolat noir : pesez le chocolat noir dans un cul de poule et faites-le fondre une minute au micro-ondes. Remuez avec une maryse et réservez.

Dans une casserole, portez à ébullition la crème liquide entière et le miel d'acacia. Versez la crème liquide chaude, en trois fois, sur le chocolat en remuant vivement afin de créer une émulsion. Filmez au contact et réservez au réfrigérateur.

Préparez la ganache montée au chocolat au lait : pesez le chocolat au lait dans un cul de poule et faites-le fondre au micro-ondes une minute. Mélangez et réservez.

Dans une casserole, portez 100 g de crème liquide entière à ébullition. Versez la crème chaude sur le chocolat et remuez vivement jusqu'à ce que le mélange soit homogène.

Ajoutez alors les 100 g de crème liquide entière froide, mélangez puis filmez au contact et réservez au réfrigérateur.

Préparez le brownie chocolat noix de pécan : préchauffez le four à 170 °C (th. 5-6) chaleur tournante et recouvrez une plaque à pâtisserie perforée de papier sulfurisé. Posez un cercle de 20 cm de diamètre sur le papier sulfurisé puis, en son centre, un deuxième cercle de 8 cm de diamètre. Avec une bombe de graisse alimentaire, graissez les cercles à l'intérieur du disque.

Dans un cul de poule, faites fondre le chocolat et le beurre au bain-marie ou au micro-ondes. Ajoutez la cassonade puis mélangez bien. Ajoutez les œufs un par un en mélangeant vivement pour qu'ils s'incorporent correctement. Tamisez la farine sur le mélange précédent puis mélangez délicatement à la maryse. De la même manière, ajoutez le cacao en poudre non sucré. Enfin, concassez grossièrement les noix de pécan puis incorporez-les dans l'appareil.

Versez l'appareil à brownie dans le cercle en lissant la surface à la maryse. Pour vous aider à verser l'appareil proprement, vous pouvez utiliser une poche à douille sans douille.

Enfournez le brownie pour 30 min de cuisson. À la sortie du four, décerclez délicatement le gâteau et posez-le sur une grille pour le laisser refroidir à température ambiante.

Lorsque le gâteau est froid, récupérez la ganache au chocolat noir, mélangez-la vivement avec une maryse pour lui redonner un peu de souplesse puis versez-la dans une poche à douille munie de la douille de votre choix. Pochez la ganache au chocolat noir sur le brownie.

Versez la ganache montée dans le bol du robot puis fouettez-la en augmentant régulièrement la vitesse du fouet, jusqu'à ce qu'elle tienne entre les branches. Mettez-la dans une poche munie de la douille de votre choix puis pochez-la sur le gâteau.

Brownie au chocolat marbré au beurre de cacahuète

Le brownie chocolat et beurre de cacahuète se déguste tiède, accompagné pourquoi pas d'une boule de crème glacée, ou à température ambiante. Vous pourrez le conserver 3 à 4 jours sans précaution particulière ou le congeler en parts individuelles pour le conserver plusieurs semaines.

Préparation : **15 min**
Cuisson : **25 min**
Pour 6 personnes

INGRÉDIENTS

- 170 g de chocolat noir
- 130 g de beurre
- 1/2 c. à c. de vanille en poudre
- 1 pincée de fleur de sel
- 3 œufs
- 120 g de farine
- 2 g de levure chimique
- 200 g de beurre de cacahuète

Préchauffez le four à 170 °C (th. 5-6) chaleur tournante et graissez un plat en verre carré de 20 cm de côté.

Faites fondre le chocolat avec le beurre et mélangez bien pour obtenir un appareil bien lisse. Ajoutez la fleur de sel et la vanille en poudre et mélangez. Incorporez les œufs un par un en mélangeant bien entre chaque ajout. Ajoutez la farine et la levure chimique et mélangez à nouveau.

Versez l'appareil à brownie dans le plat, ajoutez le beurre de cacahuète par petites touches pour donner un effet marbré et enfournez pour 25 min.

Brownie marbré à la noix de coco

Le secret d'un brownie ultra moelleux ? Le lait concentré sucré !

Préparation : **1 h**
Cuisson : **35 min**
Pour 6 personnes

INGRÉDIENTS

- 115 g de beurre
- 150 g de sucre en poudre
- 80 g de lait concentré sucré
- 50 g de noix de coco râpée
- 3 œufs + 1 blanc d'œuf
- 1 c. à s. d'extrait de vanille liquide
- 170 g de chocolat noir
- 100 g de farine
- 2 g de levure chimique
- 1 pincée de fleur de sel

Préchauffez le four à 180 °C (th. 6) chaleur tournante et graissez l'intérieur d'un moule carré de 20 cm de côté.

Dans un bol, mélangez une cuillère à soupe de sucre en poudre, le lait concentré sucré, la noix de coco râpée, le blanc d'œuf et l'extrait de vanille liquide. Réservez.

Dans un cul de poule, faites fondre le chocolat noir et le beurre. Mélangez bien. Ajoutez le sucre en poudre puis les œufs, un par un, et mélangez bien entre chaque ajout.

Ajoutez dans la préparation à la noix de coco la farine tamisée, la levure chimique et le sel et mélangez à nouveau.

Versez la pâte au chocolat dans le moule puis faites des petits tas avec le mélange à la noix de coco.

Avec un couteau, dessinez des marbrures puis enfournez pour 35 min de cuisson environ.

Piquez le gâteau au centre pour vérifier la cuisson.

Fondant chocolat
à la compote de pomme

Vous allez adorer cette recette de fondant au chocolat à la compote de pomme. Une recette facile de gâteau à la texture fondante et humide qui a le mérite supplémentaire d'être beaucoup moins calorique que la recette classique.

Préparation : **10 min**
Cuisson : **25 min**
Pour 6 personnes

INGRÉDIENTS

- 200 g de chocolat noir
- 30 g de sucre en poudre (n'en mettez pas si la compote en contient)
- 3 œufs
- 150 g de compote de pomme sans sucre ajouté
- 50 g de fécule de maïs

Préchauffez le four à 180 °C (th. 6) chaleur tournante et graissez légèrement l'intérieur d'un moule à manqué en silicone de 18 cm de diamètre.

Fouettez vivement les œufs entiers avec le sucre en poudre jusqu'à les faire blanchir et doubler de volume.

Au bain-marie ou au micro-ondes, faites fondre le chocolat noir. Mélangez délicatement les œufs et le chocolat noir en versant les œufs sur le chocolat et non l'inverse pour éviter un choc thermique qui ferait cristalliser le chocolat. Ajoutez ensuite la compote (et le sucre si besoin) et mélangez délicatement. Enfin, ajoutez la fécule de maïs tamisée et mélangez à nouveau en soulevant la masse avec une maryse en silicone.

Versez l'appareil dans le moule et enfournez pour 25 min de cuisson. À la sortie du four, laissez tiédir à température ambiante et démoulez délicatement.

Fondant chocolat ricotta

Le fondant chocolat ricotta est une recette sans beurre et sans gluten.

Préparation : **10 min**
Cuisson : **30 min**
Pour 6 personnes

INGRÉDIENTS

- 250 g de ricotta
- 2 oeufs
- 120 g de sucre en poudre
- 200 g de chocolat noir
- 80 g de poudre d'amande

Préchauffez le four à 180 °C (th. 6) chaleur tournante et graissez légèrement l'intérieur d'un moule à manqué en silicone.

Dans un cul de poule, travaillez la ricotta à la maryse pour l'assouplir. Ajoutez les œufs et mélangez vivement. Versez le sucre en poudre et mélangez à nouveau. Faites fondre le chocolat noir au micro-ondes ou au bain-marie et versez-le dans le mélange précédent.
Mélangez bien. Ajoutez enfin la poudre d'amande et mélangez une dernière fois pour obtenir un appareil homogène.

Versez l'appareil dans le moule et enfournez pour 25 à 30 min de cuisson. Vérifiez que le fondant chocolat ricotta est cuit en plantant la lame d'un couteau en son centre : elle doit ressortir sèche.

Démoulez sur le plat de service à la sortie du four et laissez refroidir à température ambiante.

Magic cookies bars

Connaissez-vous les magic cookies bars ? C'est une recette qui nous vient tout droit des États-Unis et que vous allez adorer si vous aimez les cookies ! Faire des magic cookies bars, c'est un peu comme faire un cookie géant à partager. À la différence près qu'on utilise des biscuits tout prêts, ceux que l'on préfère, et que c'est donc beaucoup plus simple et beaucoup plus rapide à faire.

Préparation : **15 min**
Cuisson : **25 min**
Pour 8 personnes

INGRÉDIENTS

- 60 g de palets bretons
- 60 g de spéculoos
- 50 g de beurre
- 150 g de lait concentré sucré
- 40 g de noix de coco râpée
- 100 g d'amandes mondées non salées
- 200 g de pépites de chocolat
- 150 g de pâte à tartiner

Préparez un cadre de 16 cm de côté sur une plaque à pâtisserie recouverte de papier sulfurisé et préchauffez le four à 180 °C (th. 6) chaleur tournante.

Faites fondre le beurre au micro-ondes et réservez.

Placez les biscuits dans un sac congélation et, avec un rouleau à pâtisserie, tapez dessus pour les réduire en miettes grossières. Versez le beurre fondu dans le sac congélation, mélangez-le avec les brisures de biscuits puis versez le tout au fond du cadre. Avec une spatule, tassez la masse pour faire un fond biscuité uniforme.

Étalez le lait concentré sucré en couche uniforme sur la base de biscuits puis recouvrez de la moitié des pépites au chocolat. Versez la moitié de la noix de coco râpée sur les pépites de chocolat et recouvrez avec les amandes. Versez le reste de pépites de chocolat et de noix de coco râpée puis recouvrez avec la pâte à tartiner. Si besoin, n'hésitez pas à la réchauffer quelques secondes au micro-ondes sans la brûler.

Enfournez les magic cookies bars pour 25 min de cuisson, le gâteau doit être bien doré. À la sortie du four, laissez complètement refroidir à température ambiante avant d'ôter le cadre en glissant la lame d'un couteau sur les contours. Découpez votre biscuit en barres gourmandes et régalez-vous.

Quatre-quarts breton

Préparation : **20 min**
Cuisson : **50 min**
Pour 8 personnes

INGRÉDIENTS

- 4 œufs
- Beurre demi-sel
- Farine avec levure chimique incorporée ou le poids de la farine et 2 % de levure chimique
- Sucre en poudre
- 5 ml de rhum ambré
- 1 gousse de vanille

Cassez les œufs et séparez les blancs des jaunes. Pesez les blancs puis les jaunes et additionnez ces deux pesées pour obtenir le même poids en beurre, farine et sucre.

Préchauffez le four à 150 °C (th. 5) chaleur tournante et graissez l'intérieur des moules de votre choix. Si possible, préférez des moules en métal qui garantissent une cuisson plus harmonieuse.

Dans une casserole ou au micro-ondes, faites fondre le beurre à faible puissance. Réservez.

Fouettez les jaunes d'œuf et le sucre en poudre jusqu'à ce que le mélange blanchisse et double de volume. Fendez la gousse de vanille et grattez-la. Ajoutez les graines de vanille dans le mélange jaunes d'œuf et sucre. Versez le beurre fondu puis le rhum et fouettez à nouveau. Versez le mélange farine/levure en pluie sur les jaunes d'œuf. Fouettez légèrement, juste pour que la farine s'incorpore.

Montez les blancs en neige et incorporez-les délicatement à la pâte, en trois fois, avec une maryse.

Versez l'appareil à quatre-quarts dans des moules individuels, de types moules à muffins.
Enfournez pour 50 min de cuisson. Le temps de cuisson peut varier selon les fours, les quatre-quarts sont cuits quand la lame d'un couteau plantée en leur centre en ressort sèche.

Crumbcake au cassis

Le crumbcake, vous connaissez ? J'ai découvert cette recette de gâteau il y a quelques années déjà. C'est un gâteau très gourmand composé de deux couches de crumble au milieu desquelles on trouve une couche crémeuse et des fruits.

Préparation : **40 min**
Cuisson : **1 h**
Pour 8 personnes

INGRÉDIENTS

Pour le fond du crumbcake
- 100 g de beurre froid coupé en morceaux
- 200 g de farine
- 100 g de sucre en poudre
- 4 g de levure chimique
- 1/2 c. à c. de vanille en poudre

Pour la crème
- 4 oeufs
- 500 g de yaourt nature ou aromatisé
- 100 g de cassonade
- 1 c. à s. d'extrait naturel de vanille liquide
- 200 g de cassis

Pour le crumble
- 80 g de beurre
- 120 g de farine
- 100 g de cassonade
- 1/2 c. à c. de vanille en poudre
- 1 pincée de fleur de sel

Préchauffez le four à 180 °C (th. 6) chaleur tournante et graissez un moule à charnière.

Préparez le fond du crumbcake : dans le bol d'un mixeur, mélangez tous les ingrédients jusqu'à obtenir une pâte de la consistance du sable. Versez la pâte au fond du moule, en pluie, sans chercher à la tasser : veillez juste à recouvrir toute la surface du moule en le secouant horizontalement. Enfournez pour 20 min.

Pendant la cuisson, préparez la crème : réunissez tous les ingrédients sauf le cassis dans un cul de poule et mélangez au fouet à main. À l'issue des 20 min de cuisson de la pâte, sortez le plat du four et versez la crème par-dessus. Enfournez pour 20 min supplémentaires. À l'issue de cette seconde cuisson, la crème doit être prise, elle ne doit pas trembloter dans le plat, si besoin poursuivez un peu la cuisson. Étalez les fruits sur la crème cuite.

Préparez le crumble : dans le bol d'un mixeur, mélangez tous les ingrédients jusqu'à obtenir une pâte de la consistance du sable. Sortez le gâteau du four et saupoudrez le crumble par-dessus, enfournez pour 20 min.

À la sortie du four, laissez le gâteau tiédir avant de le décercler et attendez ensuite le refroidissement complet avant de le transférer sur le plat de service.

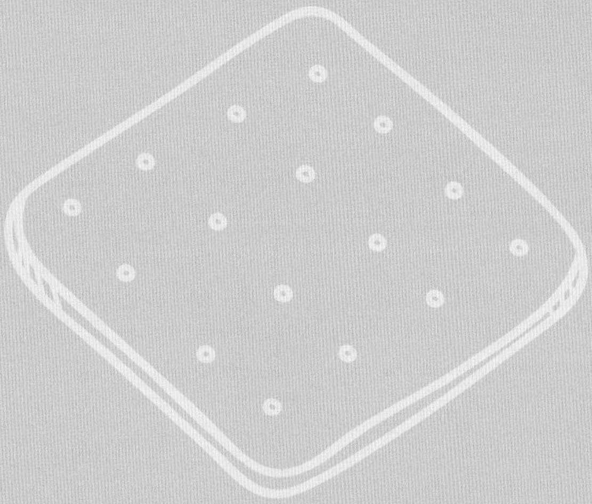

Biscuits salés

Biscuits au parmesan et graines de fenouil

Préparation : **20 min**
Cuisson : **12 min**
Pour 12 biscuits

INGRÉDIENTS

- 70 g de beurre pommade
- 1 œuf
- 120 g de parmesan râpé
- 45 g d'huile d'olive
- 180 g de farine
- 1 pincée de fleur de sel
- 1 c. à c. de graines de fenouil

Préchauffez le four à 180 °C (th. 6) chaleur tournante et recouvrez une plaque à pâtisserie de papier sulfurisé.

Dans un cul de poule, mélangez vivement le beurre pommade, l'œuf, le parmesan râpé et l'huile d'olive. Ajoutez la farine en une fois, puis la fleur de sel et les graines de fenouil. Mélangez pour obtenir une pâte homogène.

Si besoin réservez-la quelques minutes au frais puis étalez-la au rouleau et découpez vos biscuits à l'emporte-pièce.

Posez-les sur la feuille de papier sulfurisé et enfournez pour 12 min.

Biscuits au piment d'Espelette

Préparation : **20 min**
Cuisson : **12 min**
Pour 12 biscuits

INGRÉDIENTS

- 70 g de beurre pommade
- 1 œuf
- 120 g de parmesan râpé
- 45 g d'huile d'olive
- 180 g de farine
- 1 pincée de fleur de sel
- 1 c. à c. de piment d'Espelette en poudre

Préchauffez le four à 180 °C (th. 6) chaleur tournante et recouvrez une plaque à pâtisserie de papier sulfurisé.

Dans un cul de poule, mélangez vivement le beurre pommade, l'œuf, le parmesan râpé et l'huile d'olive. Ajoutez la farine en une fois, puis la fleur de sel et le piment d'Espelette. Mélangez pour obtenir une pâte homogène.

Si besoin réservez-la quelques minutes au frais puis étalez-la au rouleau et découpez vos biscuits à l'emporte-pièce.

Posez-les sur la feuille de papier sulfurisé et enfournez pour 12 min.

Biscuits feuilletés au pesto

Préparation : **10 min**
Cuisson : **12 min**
Pour 12 biscuits

INGRÉDIENTS

- 1 pâte feuilletée
- 1 pot de sauce pesto

Préchauffez le four à 180 °C (th. 6) chaleur tournante et recouvrez une plaque à pâtisserie de papier sulfurisé.

Déroulez la pâte feuilletée et appliquez du pesto au pinceau sur toute la surface.

Roulez la pâte en boudin puis coupez des rondelles de 1 cm environ.

Posez les rondelles à plat sur la feuille de papier sulfurisé et enfournez pour 12 min environ.

Feuilletés aux graines de sésame

Préparation : **10 min**
Cuisson : **12 min**
Pour 12 biscuits

INGRÉDIENTS

- 1 pâte feuilletée
- 1 c. à s. de graines de sésame

Préchauffez le four à 180 °C (th. 6) chaleur tournante et recouvrez une plaque à pâtisserie de papier sulfurisé.

Déroulez la pâte feuilletée et saupoudrez les graines de sésame sur toute la surface.

Coupez des bandes de 1 cm environ.

Prenez chaque bande et tordez-la afin de former une torsade

Posez les torsades sur la feuille de papier sulfurisé et enfournez pour 12 min environ.

Gougères

Préparation : **20 min**
Cuisson : **40 min**
Pour 5 personnes

INGRÉDIENTS

- 250 ml d'eau (minérale de préférence)
- 1 c. à c. de sel fin
- 75 g de beurre
- 150 g de farine
- 4 oeufs
- 100 g de comté râpé

Préchauffez le four à 180 °C (th. 6) chaleur tournante.

Portez à ébullition l'eau, le sel et le beurre.

Hors du feu, ajoutez la farine et mélangez vivement pour obtenir une panade homogène. Cassez les œufs un par un dans la panade et mélangez vivement. Ajoutez le comté râpé et mélangez à nouveau.

Pochez les gougères sur une plaque à pâtisserie recouverte de papier sulfurisé en les espaçant bien puis enfournez pour 30 à 40 min de cuisson. Elles doivent être uniformément dorées.

Biscuits au parmesan
et romarin

Les biscuits au parmesan et au romarin, une association qui fonctionne bien !

Préparation : **20 min**
Cuisson : **12 min**
Pour 12 biscuits

INGRÉDIENTS

- 70 g de beurre pommade
- 1 œuf
- 120 g de parmesan râpé
- 45 g d'huile d'olive
- 180 g de farine
- 1 pincée de fleur de sel
- 1 branche de romarin

Préchauffez le four à 180 °C (th. 6) en chaleur tournante et recouvrez une plaque à pâtisserie de papier sulfurisé.

Dans un cul de poule, mélangez vivement le beurre pommade, l'œuf, le parmesan râpé et l'huile d'olive. Ajoutez la farine en une fois, puis la fleur de sel et les feuilles de romarin hachées. Mélangez pour obtenir une pâte homogène.

Si besoin, réservez-la quelques minutes au frais puis étalez-la au rouleau et découpez vos biscuits à l'emporte-pièce.

Posez-les sur la feuille de papier sulfurisé et enfournez pour 12 min.

Sapins feuilletés

Préparation : **10 min**
Cuisson : **12 min**
Pour 12 biscuits

INGRÉDIENTS

- 1 pâte feuilletée
- 1 c. à c. de parmesan râpé
- 1 jaune d'œuf

Préchauffez le four à 180 °C (th. 6) en chaleur tournante et recouvrez une plaque à pâtisserie de papier sulfurisé.

Déroulez la pâte feuilletée et saupoudrez le parmesan râpé sur toute la surface. Avec un couteau d'office, découpez des bandes de pâte feuilletée de 1 cm de large environ.

Enroulez les bandes de pâte en les piquant sur un cure-dent pour former un sapin. Dorez délicatement avec un jaune d'œuf et un pinceau.

Posez les sapins sur la feuille de papier sulfurisé et enfournez pour 12 min environ.